广东省中小学新一轮"百千万人才培养工程"系列丛书

造化育英才
——学生发展的指导

李之宁 著

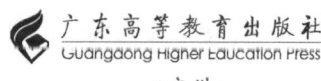

·广州·

图书在版编目（CIP）数据

造化育英才：学生发展的指导/李之宁著. —广州：广东高等教育出版社，2020.7

（广东省中小学新一轮"百千万人才培养工程"系列丛书）

ISBN 978-7-5361-6766-7

Ⅰ. ①造… Ⅱ. ①李… Ⅲ. ①中小学-师资培养-研究 Ⅳ. ①G635.12

中国版本图书馆 CIP 数据核字（2020）第 088846 号

出版发行	广东高等教育出版社
	地址：广州市天河区林和西横路
	邮政编码：510500　电话：（020）87553335
	http://www.gdgjs.com.cn
印刷	广州市穗彩印务有限公司
开本	787 毫米×1 092 毫米　1/16
印张	8
字数	148 千
版次	2020 年 7 月第 1 版
印次	2020 年 7 月第 1 次印刷
定价	25.00 元

前　言

当代教育界的变革风起云涌，饱含哲学家、社会学家、教育学家、心理学家的智慧。育人从育心开始，天人合一，自然化育万物。经历了20年的实践历练，笔者深刻地体悟到对学生终身发展的指导，应从教育的本源开始。

现代学校教育往往忽略了学生多元化发展的张力与动能，强调对教育对象、内容和手段进行整齐划一的考量。在实践中，出现重结果轻过程、重应试轻德育、重功利轻人本的倾向，其原因在于教育的非人性化打破了人性善与恶、共性与个性、理性与非理性之间的张力与平衡，造成了人性内在维度的畸形发展，难以臻达育人的本真要义。于是，"精致利己主义者""空心病患者"接踵现世，发人深思。

鉴于此，笔者认为，教育的实践应该奠基于人性之上，复归人性内在维度的均衡发展，启迪人性向善；着眼人的共同本性，发展多元的个体；从理解人的非理性起步，发展人的理性。循此路径，教育实践才可能回归人性，认识人性的内涵及其结构特点，遵循人性发展的自然规律，因势利导，圆融通达，道法自然，实现对学生终身幸福发展的教育与指导。

本书在追溯教育学家们的大智慧的同时，对教育的核心价值与根本

动能进行了深入思考;对新高考综合改革背景下,学生发展指导的一系列关键性问题进行了全面的阐述;历时十年,开发促人发展的指导手法。对学生的发展进行指导,是百年树人、意义重大的事情,是一个不求名利、不断追溯教育本源的过程。

李之宁
2017 年夏于聚清园

目 录

◎ 第一章　教育何为：造化育英才 ………………………………………… 1
　一、造化育英才的理论背景 ………………………………………………… 1
　　（一）皮亚杰的发生认识论 ……………………………………………… 1
　　（二）埃里克森的心理发展观 …………………………………………… 2
　　（三）维果斯基的文化发展观 …………………………………………… 4
　　（四）东亚儒家的人文精神 ……………………………………………… 5
　二、造化育英才的主要观点 ………………………………………………… 6
　　（一）教育的核心是道法自然 …………………………………………… 6
　　（二）教育的动能是回归人性 …………………………………………… 8
　　（三）教育的途径是面向全体 …………………………………………… 8

◎ 第二章　范式转化：指向未来的学生发展指导 ……………………… 11
　一、培养什么样的人 ……………………………………………………… 11
　　（一）自主性：管理好自己的学习、生活和发展，能解决问题
　　　………………………………………………………………………… 12
　　（二）社会性：处理好个体与群体、社会、国家、国际之间的关系
　　　………………………………………………………………………… 13
　　（三）文化性：继承和传播人类智慧文明的各种成果 ……………… 14
　　（四）终身发展：培养成长型思维模式 ……………………………… 15

二、怎样培养未来的人才 ·· 16
　　（一）学生怎么学 ·· 16
　　（二）学校怎么教 ·· 17
　　（三）学生的发展怎么指导 ·· 24

◎第三章　生涯发展：学生发展指导师的技术 ···························· 45
　一、面谈 ·· 45
　　（一）非言语的技术 ·· 45
　　（二）谈话的技巧 ·· 48
　二、探索生涯的历程 ·· 52
　　（一）对来访学生背景的探查 ······································ 52
　　（二）正式评量：测验及其结果的解读 ······························ 57
　　（三）非正式评量 ·· 62
　三、探索外部世界 ·· 84
　　（一）行业与职业 ·· 84
　　（二）职业探索的方法 ·· 87
　　（三）生涯人物访谈 ·· 88
　　（四）社会与经济学视角 ·· 91
　四、教练式指导技术 ·· 92
　　（一）学生心理问题与教练式指导技术 ······························ 92
　　（二）教练型成长导师如何实施心理咨询 ···························· 94

◎第四章　幸福花开：学生发展指导经典案例 ···························· 97
　案例一　绽放幸福花朵的种子 ·· 97
　案例二　接受不完美的勇气 ··· 101
　案例三　学会与奇迹和平共处 ······································· 105
　案例四　像花儿一样自由呼吸 ······································· 107
　案例五　一匹慢热的烈马 ··· 111
　案例六　先成为自己的英雄 ··· 114

◎后　记 ·· 120

第一章

教育何为：造化育英才

一、造化育英才的理论背景

（一）皮亚杰的发生认识论

瑞士心理学家皮亚杰（J. Piaget）的心理发展观是当代心理学中最有影响的心理发展理论。皮亚杰的理论核心是"发生认识论"。他认为发展的实质是个体与环境不断相互作用的过程。个体心理的发展就是在主客体和内外因相互作用的基础上，主体不断建构心理结构，从而在心理上产生量和质的变化。在他看来，个体心理发展既不是起源于先天的成熟，也不是起源于后天的经验，而是起源于个体与环境不断地相互作用的一种心理建构过程。

皮亚杰认为心理发展涉及四个极其重要的概念，即图式、同化、顺应、平衡。其中，图式是一个最基本和核心的概念，它是活动的结构和组织，是个体对世界的知觉、理解和思考的方式。同化是指当主体面对新的刺激情境时，利用已有图式或认知结构把刺激整合到自己原有认知结构中的过程。顺应是指当主体不能利用原有图式接受或解释新刺激时，其认知结构须随新刺激而改变的过程。同化是图式的量的变化，表现为认知发展的一种暂时的平衡；而顺应则是图式的质的变化，是图式的重建和调整，表现为认知发展的一种新的平衡。心理发展就是少年儿童通过同化和顺应日益复杂的环境而达到平衡的过程。

根据少年儿童在发展过程中所表现出来的特点，皮亚杰提出其认知发展要经过感知运动阶段（0～2岁）、前运算阶段（2～7岁）、具体运算阶段（7～12岁）、形式运算阶段（12～15岁）四个由低到高、顺序不变的发展阶段。对影响和制约心理发展的因素，皮亚杰认为主要有四个方面：成熟、物理因素、社会环境及平衡化。

皮亚杰的发展理论对教育实践有很大影响。皮亚杰不主张教给少年儿童那些明显超出他们发展水平的材料。在皮亚杰看来，少年儿童的发展是以学生已有的认知结构为基础的，并以已有图式与环境相互作用而产生的认知需要为动力。他所强调的主客体相互作用的思想，活动在心理发展中的重要作用，善于发现个体心理发展各个阶段间的质的差异和对各阶段的具体阐述等，都对教育具有重要的启发意义。

(二) 埃里克森的心理发展观

美国发展心理学家埃里克森（E. H. Erikson）通过临床观察以及对大量病例的分析，在批判弗洛伊德的心理性欲发展阶段理论的基础上，强调社会文化背景对人格发展的作用，认为发展是一个人在一定社会文化背景中的适应，提出了心理社会发展阶段理论。

在埃里克森看来，发展是一个具有一系列阶段的过程，每一阶段都有其特殊的目标、任务和冲突。一个人从出生到死亡，心理发展经历了相互连续的八个阶段，每一个阶段都有一种确定的危机，都以一个特定的任务为其特征，如果要使随后的发展正常进行，这一发展任务就必须很好地完成。

第一阶段，婴儿期（0~1.5岁），危机是基本的不信任感，任务是建立基本的信任感。这一阶段的婴儿开始探索周围的世界是否可靠。埃里克森认为信任感表现一个人对于他的周围世界，特别是他的社会环境的基本态度，可以通过父母在养育过程中以关心和爱护婴儿的需要而培养出来。当一个婴儿得到较好的抚养并与父母建立了良好的亲子关系，就会对周围世界产生信任感；当父母的信念发生矛盾或父母在照料儿童的方式上显出不一致时，婴儿就会出现恐惧和不安，产生一种不信任感。

第二阶段，童年期（1.5~3岁），危机是基本的羞怯感和疑惑，任务是建立基本的自主感。这一阶段的儿童表现出较强的自我控制的需要与倾向，"让我来做"成为这一时期儿童的主流话题。儿童渴望自主，渴望按自己的想法去做事情。因此，在可能的情况下，父母应允许儿童自由活动，并以各种形式对他们的自主性和独立性表示认可和赞扬，以帮助他们自信心的形成。相反，如果这个时期父母对儿童的行为干涉过多，甚至支配儿童的一切活动，他们将对自己的行为或自身产生羞怯感，影响身心的发展。

第三阶段，学前期（3~6岁），危机是基本的内疚感，任务是建立基本的主动感。日益增多的语言和运动能力使这一时期的儿童把活动范围逐渐扩展到他们的家庭环境之外，开始追求出于自我利益和动机的活动。本阶段儿童的主要发展任务是获得主动感和克服内疚感，体验目的的实现。埃里克森认为，个体未来在社会中所能取得的工作、经济、生活上的成就，都与儿童在这一阶段的主动性发展的程度有关。

第四阶段，学龄期（6~12岁），危机是基本的自卑感，任务是建立基本的勤奋感。本阶段儿童开始进入学校学习，活动和依赖的重心已由家庭转移到社会。学龄儿童与学前儿童有着本质的区别，他们开始体会到勤奋与成功之间的关系，开始形成一种成功感。在这一时期，同伴在衡量儿童本身的成功或失败中有着相当的重要性，能成功地完成各种任务和从事社交或集体活动，儿童就会获得一种胜任感而避免自卑感的产生。这些成功的体验有助于在以后的社会中建立勤奋的特质，表现为乐于工作和有较好的适应性。

第五阶段，青少年期（12~18岁），危机是同一感混乱，任务是建立基本的自我同一感。这一阶段存在着同一感混乱的危机，此时青少年个体最主要的任务就是试图建立一种新的自我同一感即了解自己是谁、在社会上应占什么样的地位、将来准备成为什么样的人以及怎样努力成为理想中的人等一系列的感觉和感情。埃里克森在此阶段提出了一个"社会心理的合法延缓期"的概念，他认为随着青春初期的到来，青少年往往感到自己没有能力持久地扮演一种社会角色和承担社会义务，感到要作出的决断太多太快。如果青少年没有形成一种积极的自我同一感，那么他们就会产生角色混乱，表现为不能确定一个生活的正确角色，不能确定自己是谁、干什么等。角色混乱的青少年常常焦躁不安，对社会所认可的角色表示蔑视和敌意。

第六阶段，成年早期（18~25岁），危机是基本的孤独感，任务是建立基本的亲密感。埃里克森认为，形成自我同一感、走向社会的青年，未免太全神贯注于自己是谁以致不能担当起此阶段形成亲密感的任务，可能产生孤独感。只有建立同一感才有可能形成亲密感。所以，这一阶段的发展任务就是努力获得亲密感，体验爱情和婚姻的实现，从而避免孤独感。在埃里克森看来，发展亲密感对是否能有效地进入社会有重要作用。

第七阶段，成年中期（25~60岁），危机是基本的停滞感，任务是建立基本的繁殖感。这一阶段的个体已建立家庭，其兴趣扩展到下一代。这里的繁殖不仅包括人的繁衍后代，而且包括人的生产能力和创造能力等基本能力或特征。因此本阶段的个体既要生育、抚养和指导下一代，又要不断工作以创造事物和思想，这样才能富有创造力，否则将出现人格的停滞。

第八阶段，成年晚期（60岁以上），危机是基本的绝望感，任务是建立基本的自我完善感。在这一阶段，进入老年期的个体对自己的一生进行回顾。如果对自己的一生作出肯定和满意的回答，就能够完全接受自我，获得一种完善感。反之，个体就会充满焦虑和失望，对死亡产生恐惧感，也会努力去发现一种自我整合。

埃里克森把人的发展理解为生理、心理和社会的统一，把人的一生看作

一个统一的发展过程,并且重视文化社会因素对个体心理发展的影响,有其积极的一面,对我们探究处于复杂社会现实中的个体的心理发展特点及其教育对策等具有重大的启示。

(三) 维果斯基的文化发展观

维果斯基(L. S. Vygotsky)是苏联早期的著名心理学家,他从文化发展论与内外论出发,从种系和个体发展的角度分析了个体和心理是在与周围人的交往过程中产生和发展起来的,受人类社会文化历史的制约,提出了心理发展的文化历史观。这一观点后经列昂节夫、鲁利亚等人的进一步完善,形成了社会文化历史学派,又称"维-列-鲁"学派。

维果斯基认为,心理发展是个体的心理从出生到成年,在环境和教育的影响下,在低级心理机能的基础上,逐渐向高级心理机能转化的过程。可见,个体心理机能可以区分为低级机能和高级机能。前者是进化的结果,后者则是社会文化历史发展的结果,是人类以符号、语言等间接的方式与外界相互作用所表现出来的特征,是人类不同于动物的根本所在。心理机能由低级向高级的发展主要表现为如下四个方面:①心理活动主动性、随意性的不断发展;②心理活动的抽象概括性的提高;③间接的、以符号或语言为中介的心理结构的形成;④心理活动的个性化。

关于心理发展的原因,维果斯基强调了三点:一是心理机能的发展起源于社会文化历史的发展,受社会规律的制约。二是从个体发展来看,儿童在与成人的交往过程中,通过掌握高级的心理机能的工具——语言、符号系统,从而在低级的心理机能的基础上形成了各种新质的心理机能。三是高级的心理机能是外部活动不断内化的结果。

在教育与发展的关系问题上,维果斯基提出了"最近发展区"的概念,认为教学一方面要适应儿童的现有水平,但更重要的是发挥教学对发展的主导作用,走在儿童发展的前面。维果斯基认为,在确定儿童发展水平及其教学时,必须考虑儿童的两种发展水平:一种是儿童现在的发展水平,即儿童能够运用已有的知识经验独立地完成任务,不需要教师的帮助即可达到的水平;另一种是儿童的第二个发展水平,是指在有指导的情况下借助成人的帮助才能达到的水平,这两者之间的差距即最近发展区。维果斯基认为,教育要促进儿童的心理发展,教育者必须把着眼点放在儿童心理发展的第二个水平上,因而教师在教学过程中应不断地向儿童提出新的、比儿童原有水平稍高一点的课题任务。儿童在教师的帮助下,通过自己的努力能够达到这个目标,以激发儿童内部矛盾的发展,这样不断地把最近发展区的水平转化为现有水平,不断发展,从而推动儿童向更高的心理水平发展。

综上所述，维果斯基的心理发展观与他的社会文化历史理论是密切联系在一起的。他强调个体的心理发展是在特定的社会文化历史条件下，借助符号、语言而进行人与人之间的相互交往、相互作用，致使其心理活动逐渐由外部向内部转化，心理机能逐渐由低级向高级发展的过程。从维果斯基对儿童心理发展的界定和阐述可以看出，他与皮亚杰一样，也是一个建构主义者。所不同的是，皮亚杰强调儿童主要是自己建构有关周围世界的认知地图，维果斯基却认为儿童的心理发展具有社会性。维果斯基独树一帜的心理发展观在西方心理学界引起了强烈反响。

（四）东亚儒家的人文精神

东亚儒家传统人文精神的奠基者是孔子，其核心价值在于：相信"人之可完美性"。儒家所谓的"人之可完美性"是指"身心一如""自他圆融""天人合一"，人具有深厚的时间感与强烈的历史意识。

东亚儒家人文精神的第一层含义是身与心的融合。东亚儒家学者多主张人的身与心互相渗透，使身心成为一体。所谓的"身心一如"，并不是形而上学，也不是形而下学，而可称为"形而中学"（中国当代新儒家徐复观语）。"形而中学"是指人的身心永远处于合一的状态。东亚儒家认为自我是意志方向的决定者，自我也是一个自由的主体，而一切世界的规范皆源于人的主体意志。孔子、孟子均肯定人可以做自己的主人，可以通过自我的转化而完成世界的转化。换句话说，世界的转化缘起于自我的转化。东亚儒家的自我观包括内、外两面。就内部关系而言，强调身心一体，不可分割，身心互相渗透，且心居于主导地位。因此，身心是不可分割的。明末大儒王阳明撰《大学问》一文，重新解释《大学》，特别强调《大学》中的"格物""致知"与"诚意"有其一贯性，并以意志之纯化诠释"诚意"的含义。

东亚儒家人文精神的第二层含义是相信人的自我与他者可以恒处于一种圆融状态。

东亚儒家人文精神的第三层含义是相信人若能了解自然秩序，即能了解人本身的内在理路，因为他们相信自然秩序与人文秩序是和谐而非对抗的关系。自然与人文之间可以通过人的道德自觉搭起沟通的桥梁。儒家认为人与自然是一体的，人与自然都具有共同的本质——"仁"。

东亚儒家人文精神的第四层含义是人具有深厚的时间感与强烈的历史意识，这种历史意识表现在事实判断与价值判断相融合，认为事实应该放在价值中来思考。

东亚儒家人文精神还有以下几个特色：

第一，儒家强调的是连续而非断裂，是融合而非紧张，是人与人的融

合、人与自然的融合。

第二，儒家追求生命的动态平衡，一种连续与融合。

第三，儒家所谓浸润在历史文化意识之中的人，能将生理的身体转化为文化的身体，完成身与心的统一；并以文化认同作为基础，化解自我与他者的紧张关系，建构一个信任的社会。

第四，在这个儒家人文传统里，历史意识特别发达。东亚儒家的人文传统启示我们：21世纪人文教育的学习方法，要从事实与价值的两分迈向融合。

东亚儒家的人文精神是要点亮我们的"心灯"，使我们的身与心、自我与他者、自然与人文均达到和谐的境界，并浸润在时间感与历史感之中。

二、造化育英才的主要观点

教育的核心是道法自然；教育的本真是造化在瞬间妙悟中凝结的灿烂感悟；教育的动能是回归人性，感知这份福气和幸运。随着工作年限的增长，笔者越来越认可道法自然这一教育理想，认可化育万物的自然界对青少年积极成长、健康发展的积极意义。为什么道法自然的造化与作育英才关系很密切？因为对于中华圣哲来说，"道"并不是外在于人生的静态法则，而是展开于人生、渐显渐著的动态过程，其始近情，其终近义。情为人依其天赋性能感物而动时的当下显现，属自然之事。义者宜也，即情发而得其宜，属当然之事。所以说，教育是一个动态平衡的过程。用现代教育工作者熟悉的话来说，这叫生本观、系统观，是"和合共生"。

（一）教育的核心是道法自然

造化，指化育万物的自然。道法自然就是遵循宇宙万物的产生和发展的规律。在老子的哲学中，"道"的含义极其宽泛，宇宙万物的产生和发展都是循道而行，所以道是一种自然规律，天道就是自然，是大的方向。在人类社会，道就是所有规则法则的总和。

通观《易经》《老子》《庄子》等先秦典籍，我们将会发现："一体""感应"与"生生"是构成儒、道世界观的三大关节。其中，"一体"即"天人一体"，是人的生存论前提。它意味着天、地、人是一个有机生命整体，而人为天地之心；人在天中，在世即在家，故"亲亲而仁民，仁民而爱物"（《孟子·尽心上》）；天在人中，人性即天道，尽人性即可合天道，故"穷理尽性，以至于命"（《易经·说卦》）。"感应"即世界在人与万物的相互感应中生成。

在老子的哲学中，重视人与自然和谐共存，友好相处，其思想的基本精神是自然主义的。老子认为，道是世界的形上本原，但是它的形下根据则归依于自然，主要体现为"道法自然""道即自然"的一体观念。这种自然原初地具有生长和自然而然的天然本性。

道法自然的思想对当代教育又有什么启示呢？道法自然的教育思想更加尊重对人的个性化教育，促进人的个性发展。这是我们现代教育日益强调的方向。教育的核心价值在于激发一个人的想象力和创造力，如果没有个性化的教育，人的天性可能就会被泯灭。

要实现教育的本质，就要遵循道法自然。以自然的方法对待自然，对待别人，对待自己。

鲁侯养鸟的故事出自《庄子·外篇·至乐》。"昔者海鸟止于鲁郊，鲁侯御而觞之于庙。奏《九韶》以为乐，具太牢以为膳。鸟乃眩视忧悲，不敢食一脔，不敢饮一杯，三日而死。此以己养养鸟也，非以鸟养养鸟也。"① 现在看来，其实这是庄子添油加醋编了一个寓言故事，说鲁王派车迎接一只停留在国都郊外的海鸟，放到鲁国的宗庙里饲养，又是敬酒，又是准备猪牛羊作为它的食物。那只海鸟呢，一块肉也不敢吃，一杯酒也不敢喝，头晕眼花，悲伤之余三天就死了。故事最后感慨：这是用自己的生活方式来养鸟，不是用养鸟的方法来养鸟啊！

这个故事对我们有什么启发呢？人与人之间的个性差别都很大，更何况人与物之间。我们往往用自己的主观臆断去对待他人、去做决策，就会导致做事情的失败。鲁侯养鸟，把鸟当人，却没有了解鸟的本性，也就是没有遵循它的自然。同样治理国家也要顺乎自然，了解老百姓真实的需求和特点，让他们丰衣足食、精神愉悦。这个故事不仅仅是讽刺那些不以正确方法做事情的人，同时也告诫那些把自己的意愿强加于别人的人，比如父母总是把自己的梦想强加在孩子身上，教师总是把自己的愿望强加在学生身上。

道法自然说的是对客观规律的一种尊重。在人的教育上，从道法自然的角度出发，就是促进学生的个性化发展。个性化是一个人区别于其他人的独特的心理面貌和心理特征。我们的教育同质化过于严重。因应道法自然，在教育上就要遵循学生身心发展的规律，不要急功近利，要找准学生真正的长处和意愿。每一个人都是独一无二的，为什么要让学生做别人而不是做自己？人本应按照自然本性生活。无论教师还是父母，都不能用一个标准衡量和评价孩子的生活，埋没了孩子优秀的才能，却发扬其本身就不足的一面。

真正能检验孩子的是走进社会的适应能力。孩子不是要成为一个全才，

---

① 郭庆藩. 庄子集释［M］. 北京：中华书局，1961：621.

在分工越来越细的新时代，人们更需要的是专心的专才，并且要成为人格健全的人。所以最好的方法就是"辅万物之自然而不敢为"（《老子》第六十四章）。万物有道，万物都受之于天道的本性，是自然而然的存在。对于学生，我们只能遵循他自身的兴趣和内心深处的梦想去发展，不要违背自然规律，不要与万物为敌。

（二）教育的动能是回归人性

每个人的自我都是独一无二、不可重复的，每个人都应在人生中实现自我的价值。谈论人生的意义，这应该是一个基本出发点。

二十多年来，笔者与同事们对学生有教无类，循循善诱，因势利导。有些花朵不加浇灌自茂盛，有些花朵煞费苦心仍顽劣。然而，教育本就是一个教学相长、相互感知和成长的过程。因此，笔者总是提醒自己，也提醒同事们，要懂得回归人性，感知这份难得的师生缘，感知这份福气和幸运。我们欣喜地看到，当年的孩子先后褪去青涩，长成自己应该长成的样子。每逢此时，我们都心存欢喜，欢喜这些孩子遇到了对的学校，享受了对的教育。

是的，教育的本质是教师的自我修行，修一颗平常心、慈悲心、智慧心。王崧舟老师曾说："转向内在：教育的勇气与爱。"如果教师能够在教育中学会关照自己的内心，向心寻找答案，教育便有了智慧，学生也就有了福气。

（三）教育的途径是面向全体

世上有非凡之人，也有平庸之辈，这个区别的形成既有天赋的因素，也有后天的责任。一个人不论天赋高低，只要能够意识到自我的独特性并勇于承担起对它的责任，就可以活得不平庸。

那么，什么样的学校教育才能促使学生成为自己呢？首先要有一种有教无类的氛围。试想一下，在阳光普照的清晨，孩子们背着书包，带着微笑，蹦蹦跳跳进教室，阳光照在孩子的脸上，真好！理想的教育，应该是这般有教无类；理想的学校，至少不使孩子们感到恐慌与厌恶。

二十多年来，笔者从来没有离开过奥班的学生，所以总能目睹一届又一届的学生日益成熟。在他们身上，我看到，天赋异禀既能给他们带来机遇和鲜花，也能给他们带来缺陷和困阻，自然之态，不宜横加干涉。但是，我们在包容理解之余，务必牢记人师经师之道，倡导晓之以理、润物细无声的教育，帮助这些孩子们枝展得宜，领会博雅通达的努力方向。

尼采也作如是观。他强调天才在文化创造上的决定作用，同时也确认，人与人之间在自我的唯一性、独特性价值上是平等的。他一再指出："每个人都是一个一次性的奇迹","每个人只要严格地贯彻他的唯一性,他就是美而可观的,就像大自然的每个作品一样新奇而令人难以置信,绝对不会使人厌倦。""每个人在自身中都载负着一种具有创造力的独特性,以作为他的生存的核心"。① 因此,珍惜这个独特的自我,把它实现出来,是每个人的人生使命。

尼采说过:"对待生命,你不妨大胆冒险一点,因为好歹你要失去它。如果这世界上真有奇迹,那只是努力的另一个名字。"可是,我们看到的现实是,人们都在逃避自我,宁愿躲藏在习俗和舆论背后。尼采从分析这个现象入手,说:"其实每个人心里都明白,作为一个独一无二的事物,他在世上只存在一次,不会再有第二次这样的巧合,能把如此纷繁的许多元素又凑到一起,组合成一个像他现在所是的个体。他明白这一点,可是他把它像亏心事一样地隐瞒着——为什么呢?因为惧怕邻人,邻人要维护习俗,用习俗包裹自己。"② 这是怯懦,怕舆论。然而,是什么东西迫使一个人惧怕邻人,随大流地思考和行动,而不是快快乐乐地做自己呢?"因为懒惰,贪图安逸,怕承担起对自己人生的责任。""人们的懒惰甚于怯懦,他们恰恰最惧怕绝对的真诚和坦白可能加于他们的负担。"懒惰是更初始的原因,正是大多数人的懒惰造成了普遍的平庸,使得少数特立独行之人生活在人言可畏的环境中,使怯弱有了理由。

我们带着最美好的愿望种子开启人生,只是,花期有短有长,每一朵花都会选择开放在最恰当的时候。这其实代表着社会的生态群落,没有一朵花可以嘲讽另外的一朵。教育的公平就是一路上的阳光、空气和水,还有花儿绽放的瞬间,从花瓣旁拂过的一缕清风。你如果愿意走得更远,就乘着风儿的翅膀吧!

韩愈言师有传道之责,而道蕴何处?道法自然而蕴于四方。教育之道,不自喧哗而贵有根,不自浮躁而归于真!

一所学校最有意义的地方就是给学生施以积极的影响。所以,我们评价一所学校,不仅要看它的硬件设施、师资品牌,还要听它的办学理念、社会评价,尤其不能忽视学生的感受:他们在课程学习中的满足感,他们在校园活动中的积极体悟,他们在学校每个角落留下的痕迹,他们在毕业后对母校的惦记……校园是最不该忽视人之主体的地方,从某种意义上来说,正是人的气息和品位,在某种程度上诠释着教育的成败价值。

---

① 尼采. 不合时宜的沉思 [M]. 李秋零, 译. 上海: 华东师范大学出版社, 2007.
② 尼采. 作为教育家的叔本华 [M]. 周国平, 译. 南京: 译林出版社, 2014: 3-4.

孟子曰:"仁者如射,射者正己而后发。发而不中,不怨胜己者,反求诸己而已矣。"(《孟子·公孙丑上》)仁者之心,侠者之怀,当是我辈所求。拨开教育的迷雾,让理想照进现实,通过微茫的远处,我们要做点灯的人。

第二章
范式转化：指向未来的学生发展指导

一、培养什么样的人

教育不是万能的，虽不可能改变世界状况，但至少要有理想。

联合国教科文组织自 1946 年成立以来发表了很多报告，但其中具有里程碑意义的只有三个报告——《学会生存——教育世界的今天和明天》《教育——财富蕴藏其中》和《反思教育——向"全球共同利益"的理念转变》。这三个报告，标志了三个时代。

《学会生存——教育世界的今天和明天》于 1972 年发表，提出了"学习化社会"和"终身教育"两个概念。

《教育——财富蕴藏其中》由欧盟主席德洛尔于 1996 年提出。20 世纪七八十年代正值资本主义的黄金期，经济飞速发展。人们接受教育以后能够增加生产力和财富，因此大家对教育给予了很大的希望。到了 20 世纪末，人们对 21 世纪寄予很大希望，希望 21 世纪能够解决所有的困难，所以就出现了《教育——财富蕴藏其中》这篇报告。这篇报告充满了理想主义、乐观主义。但是刚刚进入 21 世纪，"9·11"恐怖袭击事件使德洛尔报告的希望完全破灭了，恐怖主义出现，而且愈演愈烈，环境污染也越来越严重。在这种情况下，第三个报告应运而生。

第三个报告《反思教育——向"全球共同利益"的理念转变》于 2016 年发表，提出了反思教育——教育要培养什么样的人？培养恐怖主义分子，还是热爱和平的人？教育的本质到底是什么？这个报告充满了人文主义的精神——教育要尊重生命，尊重人格、和平、平等，尊重人的权益，而且要为可持续发展承担责任。

报告中提到，教育是人类的共同利益。知识是全人类的财富，由全人类共享，学习既是个人的事情，又是集体的事情。虽然现在强调教育的个性

化,但是个性化并不是个人孤立起来。这个报告对教育工作者充满启示意义。

教育的理想是什么?我们要培养热爱和平、尊重人格、尊重别人的人。未来的人才,要始终坚持全力以赴地自主生长,坚持个人与人类利益的和合共生,坚持继承人类的智慧文明,坚持以积极的面貌面对未来的挑战。我们的教育只有培养这种人,把人类的利益都放在自己身上,才有和平,才有大家的共赢。

(一)自主性:管理好自己的学习、生活和发展,能解决问题

古希腊哲学家亚里士多德曾经说过:"什么是优秀?优秀就是无论干什么都全力以赴的习惯。"这句话道出了优秀的本质特征——自主性。我们经常说教育就是培养习惯。什么是最重要的习惯?全力以赴地自主生长就是最重要的习惯。我们知道,学生之间存在差异。有些学生虽然非常努力,却成绩平平;有些学生虽不够努力,却成绩优异。这说明学生的智商差异是现实存在的。因此,我们不能认为学生成绩好完全是学生努力的结果,同样,也不能认为学生成绩不好就是学生不努力造成的。客观的评价就是看学生在学习方面、道德修养方面、社会实践方面有没有做到全力以赴。对于全力以赴的学生,即使成绩不突出,也应给予肯定和鼓励;对于虽然成绩优秀但并没有做到全力以赴的学生,仍要指出其不足之处,并激励其继续努力,创造出更好的成绩。

北宋大文学家苏轼曾经说,聪明人肯下笨功夫,才能写出好文章。成就事业,能力固然重要,但能力并非天生,而要靠后天的努力锻炼。能力是变量,并非常量。全力以赴的人,能力也会与日俱增;那些工作缺乏热情、善于投机取巧的人,已有的能力也发挥不出来,提高能力更是一句空话。全力以赴的人容易感动周围的人,能得到别人的帮助,因此更容易成功。全力以赴的人因为心无旁骛,更容易得到灵感,想出解决问题的新办法、新途径。他们如有神助,实际上是自身努力的结果。曾国藩家训中曾说:"天下古今之庸人,皆以一惰字致败;天下古今之才人,皆以一傲字致败。"有才能的人因为自以为才高,不肯全力以赴,不肯与别人合作导致失败;庸人就是才能一般的人,若不全力以赴,必然一无所成。全力以赴不一定能够超越别人,却能做最好的自己。

教育的目的不是缩小人与人之间的差距。我们要通过教育让更多的学生养成自主生长的习惯,在各自的起点上争取更大的进步,使每个人都无愧于这个伟大的时代,无愧于自己的人生。总之,只要全力以赴,就能拥有一个无悔的人生。

（二）社会性：处理好个体与群体、社会、国家、国际之间的关系

世界是广大的，我们对世界的认识是有限的。因此，我们不应该用孤立、封闭和狭窄的心胸去看待和面对世界。万物表象虽然看起来各自独立，内在却依赖丰富而复杂的联系而存在。人与周围的事物都是息息相关、和合共生的。

2018年4月11日，国家主席习近平会见博鳌亚洲论坛现任和候任理事时指出，计利当计天下利。世界大同，和合共生，这些都是中国几千年文明一直秉持的理念。不能独善其身，而应该兼济天下，因为幸福不应该是一个独立单元的享受，而应该是全人类共同的感受。我们不能忽视南北差异，不能忘记联合国可持续发展目标和减贫目标，不能违背在应对气候变化问题上的承诺。各国都应该担当起自己的责任，放眼全球发展，进一步扩展合作格局，推动构建人类命运共同体。

先秦诸子思想，是中华思想文化的源头。在这个时代，"和合"思想横空出世。《周易·乾卦·彖辞》率先提出"保合太和，乃利贞"。在《周易》一书中，不论天地氤氲有常生、阴阳和合以施化、刚柔相摩以成形，还是男女和合成夫妇、感应相通成变化等思想，都是保合太和的具体表现。万物协调并济相互作用，就能达到最高的和谐，称为"太和"。《周易》的"和合"论奠定了中国哲学以和为贵、合而不分的特征。"和合"看似柔弱依顺，实则蕴藏着惊人的力量，具有无所不包的融合性和无所不至的渗透性，是博大精深的文化底蕴，是世事练达的处世智慧。

"和"指的是异质因素的共处，譬如弹琴鼓瑟，如果只弹奏同一个音符，没有其他和声相配，终不能组成悦耳动听的乐章。所以，"和"不是相同要素的相加与聚合，不是单个要素的存在状态。"合"强调的是异质因素的融会贯通，即结合、合作、融合。"和合"是不同要素融合共生的最为理想的结构形式。《诗经·商颂·烈祖》曰："亦有和羹，既戒既平。"好的羹汤需五味调和，味道才能恰到好处。西周时，贵族奴隶主子弟接受的"六艺"教育——礼、乐、射、御、书、数，就是教育的"和羹"。在《论语·宪问》篇中，子路问孔子什么是"成人"，孔子说："若臧武仲之知，公绰之不欲，卞庄子之勇，冉求之艺，文之以礼乐，亦可以为成人矣。"这是孔子对人格完备的人的理解，像臧武仲那样的智慧，孟公绰那样的不贪心，卞庄子那样的勇敢，冉求那样的多才多艺，再用礼乐加以修饰，就可以称为完美的人了。孔子沿袭了西周贵族"六艺"的内容，在对西周文化典籍整理的基础上，创设了"六经"，使《诗》《书》《礼》《易》《乐》《春秋》成为几千年来中国封建社会教育的核心内容。可以说，中华文明之所以能绵延五千多

年,很重要的原因在于"和合"的教育哲学。

学生的发展是一个"和合共生"的系统工程。教育需要调和各方面力量和元素,使之形成育人的系统合力,兼容并包,共存并处,合作共赢。一个人的成长是各个阶段所受教育、所处环境和身边的人共同作用的结果,是方方面面的叠加和融合,不是割裂的系统和分散的系统。割裂的教育必然会导致不同教育力量的彼此消解,无法实现理想的育人效果。从这一点出发,我们认为教育不是一个人的事,而是集众人智慧、众人之力才能完成的事。学校、家庭、社会等各种教育力量不是简单地叠加,而是有机地融合。人的成长犹如一条流动的长河,只有不同的支流相互交汇、相互撞击、相互融合,人才能不断向前发展。

(三) 文化性:继承和传播人类智慧文明的各种成果

文明概念是相对的,从广义上来说,从人类产生之时起,人们要生存和发展,就必须探索并遵循客体的规律。随着社会实践的发展,人们主体认识与改造客体的能力不断提高,能不断总结经验,吸收借鉴已有的文明成果,并在实践中不断探索,形成新的文明成果,使后一种社会形态或社会发展阶段有更多和更高的文明成果。无论是促进中国自身的发展,还是推动构建人类命运共同体,都要求改革创新充分吸收人类文明有益成果,体现法治化、国际化、便利化、效率性。束缚生产力发展的体制基本都是封闭的、小众的体制。人类真正的敌人是那些试图为人类精神套上桎梏,让它不敢展翅飞翔的人。习近平总书记在党的十九大报告中指出,"人才是实现民族振兴、赢得国际竞争主动的战略资源","努力形成人人渴望成才、人人努力成才、人人皆可成才、人人尽展其才的良好局面,让各类人才的创造活力竞相迸发、聪明才智充分涌流"。

教育是一个传递智慧的过程,是一代人把智慧传递给下一代人的过程。智慧的传递需要教育工作者的智慧,需要他们以智慧的手段和智慧的方式传递智慧,否则,智慧在传递过程中就会打折扣。同时,教育也是不断完善学生人格的过程。完善学生的人格既是教育的重要目的,也是提升学生智慧的重要手段。有些人不懂得这一道理,往往就学生的认知而谈认知,就学生的学业谈学业,忽视了学生的人格,学生的认知发展与学业成绩很难得到提高。学生缺乏学习的动力和克服困难的毅力,其认知发展就有可能受到很大影响。在这个层面上,教育是一个学生智慧提升与人格完善统一的过程。提升学生的智慧需要教育工作者充分注意学生人格的完善。

未来的人才要积极继承和传播人类智慧文明,循序渐进地提升自身的智慧、完善自身人格,最终实现终身发展的需要。

（四）终身发展：培养成长型思维模式

1978年，美国心理学家德韦克（Dweck）进行了一项跟踪孩子的研究项目。她给一群孩子提供了难度不同的智力拼图，以此来记录他们在解题过程中的种种反应。随着智力拼图的难度逐步升级，一部分孩子表示一点也不好玩，最后沮丧地放弃了。有的孩子甚至直接把拼图扔到地上。不过，放弃之后，沮丧的情绪暂时已被抛到脑后，他们开始讨论起别的话题，比如，"周末才艺展示，我要好好准备，我想扮演秀兰·邓波儿"。仿佛是为了掩盖自己拼图活动中的失败，这部分孩子开始齐刷刷地假装自己不是很在意，自己只是一开始就没有努力答题而已。

但是，成功的孩子的表现和态度则让德韦克大为惊叹，钦佩不已。成功的孩子不仅能够接受失败，还非常喜欢失败。解不出题时，他们并没有自我责备，而是表示喜欢接受挑战，认为自己之前成功过，所以还可以再成功一次。

德韦克最后总结道：这些孩子之间的差异在于"思维模式的不同"。

很多人都认为："一个人，要么聪明，要么就不聪明。假如你失败了，就说明你不聪明。"持有这种观念的人一旦失败了，往往就会觉得自己很笨，或者归咎于游戏一点也不好玩。德韦克将这种想法——即"人的能力是一成不变的"——称为"固定型思维模式"（fixed mindset）。这类人甚至会觉得，世间万事都是为了测试他的能力。成功的孩子则持有相反的观念——接受挑战是有趣的。通过挑战，他们可以成长。德韦克将其称为"成长型思维模式"（growth mindset）。困难越大，这类人就越兴奋，因为从简单的题目里学不到任何东西，难题则可以让他们充分发挥自己的潜能，并发展新的技能。成功的孩子认为："智力需要自己去锻炼，而不是静坐着就能开发的。我喜欢举手汇报答案，因为这样我的错误就会被纠正过来，以后我就不会再犯相同的错误。"

固定型思维模式的人往往觉得，成功意味着要证明自己有多棒，而不是通过努力得来。因此，努力很丢脸。假如你冥思苦想、不断提问，才能得出答案，那只能说明你不够优秀；如果没能解决，更是证明自己极其愚钝。所以这些人习惯不断重复自己很容易做好的事情。

成长型思维模式的人则会觉得，成功来源于成长，而且，只有通过努力才会成长。当他们已经将某件事做得很好时，就会开始寻找更有挑战性的事情。

后来，德韦克发现，这两种思维方式的差异体现在各个领域里：固定型思维模式的人会在一帆风顺时觉得自己很聪明，而有成长型思维模式的人会

在为某件事苦苦挣扎并最终找到解决方案的刹那觉得自己很聪明。当事情不顺利的时候,前者会埋怨整个世界,而后者会想着改变自己。前者会害怕努力尝试,容易在遇到困境时觉得自己是失败者,而后者永远不会惧怕尝试。

不过,德韦克还发现,一个人的思维模式是可以改变的。比如,当学生表现得很好时,不要总是夸奖他们聪明,而是鼓励他们努力尝试。诸如此类的做法,就可以将固定型思维模式的人改造成具有成长型思维模式的人。因此,教育要培养人才的成长型思维模式,从而促进人才的终身发展。

二、怎样培养未来的人才

(一)学生怎么学

在互联网飞速发展的今天,技术更新、知识裂变、全球化、大数据等正推动着我们的生活和工作发生变革。未来社会将变得更加智慧。

美国畅销书作家丹尼尔·平克在《全新思维——决胜未来的6大能力》一书中认为,未来社会属于那些拥有全新思维的人,他们要具备设计感、娱乐感、意义感、故事力、交响力、共情力等能力。伯尼·特里林在《21世纪技能——为我们所生存的时代而学习》一书中指出,21世纪的人才必须具备三大技能:学习与创新技能、数字化素养技能、职业和生活技能。美国教育家托尼·瓦格纳在《教育大未来》一书中提出,21世纪教育所培养的人才必须具备七大关键能力:批判性思考与解决问题的能力、跨界合作与以身作则的领导力、灵活性与适应力、主动进取与开创精神、有效的口头与书面沟通能力、评估与分析信息的能力、好奇心与想象力。

深圳市南山区教育局局长刘根平在文章中写道:"通过活动让孩子描述其心目中的未来学校应该是什么样的。在孩子画笔下,未来学校校园五颜六色,像城堡,外围有游弋的飞船,整个校园悬浮在空中,海底教室大鲨鱼就在透明的窗前游荡……"

孩子眼中看到的未来教育充满了童趣,教室作为物理空间已经去除边界,师生可以在这个空间里无拘无束地讨论;高科技的信息环境,为孩子们学习知识、获取信息以及动手操作提供了便利。可以说,教育的"娱乐性"将越来越受到学生欢迎。

刘根平认为,未来的学校,从形态上看,新技术将得到广泛运用,建筑更智能、更生态化,课堂由30个人的班级走向31个学习者的会议室;课程将实现电子化、虚拟化、大型开放式网络课程(MOOC)化、精品化;教师是学生学习的指导者与组织者,而非领导者与监督者;学生的年级界限将模糊化，学生可以越来越多地选择弹性课程和个性化课程，混合学习成为学生学习的主流形态。

《大数据时代》的作者维克托·舍恩伯格教授被誉为"大数据时代的预言家"。他在做客华东师范大学"杏坛高议"文化讲坛时，畅谈大数据时代学习和教育的未来。舍恩伯格教授说，今天的学校和几百年前的学校相比没什么变化，而校园外的世界早已变得面目全非。在他看来，一所典型的大数据时代的学校，其学校的功能将发生重大改变。"未来的学校仍然会存在，不会完全转移到线上。学生们将在家里通过观看网上视频等形式接收信息，然后到学校去和老师、同学就自己学习的内容进行讨论。学校将变成一个社会性的场所，是一个互相讨论、互相学习的所在。"

现代学校出现了"翻转课堂"，即重新调整课堂内外的学习，将学习的决定权从教师转移给学生。在大数据时代，翻转课堂非但不会削弱教师在学习过程中的重要性，还会帮助教师的工作。以前教师不知道哪些部分的内容是学生面临困难的、哪些学习材料是学生感兴趣的、接下来的教授重点应该是什么。大数据可以提供这些信息来帮助教师。

然而，翻转课堂需要教师的教学技能发生改变。以前照本宣科的传授、宣讲知识的技能，要让位于组织学生讨论的技能，要让位于从数据中获取学生学习信息的技能，要让位于根据数据对学生进行个别引导的技能。

（二）学校怎么教

学校是有计划、有组织地进行系统化教育活动的专业机构。早期的学校带有浓厚的家族或家庭色彩。中国最早的学校称为庠序之学，出现在夏商时期，教育的对象主要是贵族子弟，学习内容以文武、礼仪和乐舞为主，教师大多由政府官员、乐师或者巫师担任，目的就是为统治阶级培养合格人才。到西周时期，学校逐渐形成了比较完备的教育制度，建立了政教合一的官学体系，在人员、内容、形式上都有严格的规定，学校成为相对独立的组织机构，代表官方组织开展各种形式的教育活动。春秋战国时期，"学在官府"的局面被打破，私学开始出现，除孔子之外，还有老子、墨子等人创办的私学，涌现出许多学派，号称"九流十家"。随后，以传承儒家思想为核心，在家庭、宗族或乡村内部逐渐兴起了私塾教育，私塾成为儿童接受教育的主要途径。

19世纪中后期，人类开启了宏大的工业化和城市化进程，工业社会的生产方式改变了家庭组织结构，家庭的生产和教育功能被强制性地外移和社会化。1851年，第一部强制就学法在美国马萨诸塞州通过实施，孩子们开始走出家庭，走进学校。现代学校以其特有的集约化、标准化组织优势和专业高

效的运行模式登上历史舞台。建立现代学校系统的目标就是：培养下一代，让他们能胜任工厂的工作。随着工业社会的不断深化，学校逐渐走向高度的标准化和统一化，强调通过规模扩张追求最大效益，所有学生按年龄进行分班、使用统一的教材、采用规范的教学流程、定期开展考试，达到标准的学生升入更高年级，并以此往复、循环不止。今天，我们熟悉的班级授课、学业制度、管理方式等都带有明显的工业时代烙印。由于过于追求标准化，学校更像是一家生产学生的教育工厂。

现代学校为工业大生产培养了大量合格人才，尽管难以照顾个性，却为人类社会从农业时代进入工业时代提供了重要的人力资源，契合了时代发展的需求。但是，当人类社会全面迈入信息时代，现代学校的组织优势正在退化，而劣势则在新的时代背景下愈加凸显。尤其是把不一样的学生拉进统一标准的教育体系中加以培养，把不同的人最后培养成同样的人，造成了教育长期以来一个最大的问题，就是培养的人没有个性，千校一面，千人一面。[①]今天，我们所处的时代已经不是标准驱动的工业时代，也不再强调以同样的方式生产同样的产品，大部分的社会价值都是由创新和联结带来的，简单重复的生产方式正在加速衰落。人们开始意识到，现行教育体系无法满足个性化、多样化、复杂化的学习需求，"规模化"与"个性化"的矛盾越来越突出，时代发展迫切需要对学校教育进行一场结构性变革。在这个不断变化和连接一切的世界，"互联网+"教育成为教育领域最具活力的创新因子，以慕课为代表，信息技术在扩大优质教育资源供给方面展示出强大力量。一旦新的技术手段与新的教育理念形成合力，未来学校将从"批量生产"模式走向"私人订制"模式，学生可以用他们最喜欢、最适合、最有效的方式进行学习，每一个学生都能享受到量身定制的教育服务。

如今，重新设计学校，应对未来社会的复杂挑战，已经成为国际共识。美国创建了世界上第一个以"未来学校"命名的学校，即费城未来学校（School of the Future）。该校于2003年筹建，2006年建成，由费城学区和微软共建，政府负担经费，微软提供学校设计理念、师生发展指引、信息化的课程体系以及技术支持。[②]新加坡资讯通信发展管理局与教育部联合发起了为期十年的"智慧国2015"（Intelligent Nation 2015）项目，其中包括"新加坡未来学校"（Future Schools@Singapore）计划，鼓励学校利用信息技术手段，扩大学校教学的内涵和外延，为学生提供更好的学习体验，提升学习成

---

① 曹培杰. 未来学校的兴起、挑战及发展趋势：基于"互联网+"教育的学校结构性变革［J］. 中国电化教育，2017（7）：9–13.

② 王枬. 未来学校的时空变革［J］. 全球教育展望，2019，48（2）：64–72.

效，以应对未来社会的挑战。此外，俄罗斯启动了"我们的新学校"计划，日本启动了"超级科学高中"计划，德国成立了"MINT创造未来"联盟等。① 在政府与社会各界的推动下，国外出现了一批极具想象力的未来学校案例，比如，瑞典的 Vittra Telefonplan 学校把传统教室变成各种开放式空间，被誉为一所"没有教室的学校"；美国的 Alt School 依赖信息技术深度参与，利用大数据技术快速响应教师的教学需求，为每个学生提供个性化的学习方案；法国的 Ecole 42 学校没有课本、没有宿舍、没有教室，却通过线上线下混合学习培养出很多优秀的软件工程师。

近年来，我国教育界陆续开展了丰富多样的未来学校探索活动，具有代表性的有：中国教育科学研究院王素研究员及其团队于2013年启动"中国未来学校创新计划"，成立未来学校实验室，以科学研究为基础，以培养创新人才为根本，利用信息化手段促进教育的结构性变革，推动空间、课程与技术的融合创新，为学校的整体创新提供理论引领和实践指导。该计划被教育部列入《2017年教育信息化工作要点》（教技厅〔2017〕2号），并得到各地中小学校的热烈响应和广泛支持，组建了覆盖全国的"中国未来学校联盟"，包括深圳南山实验学校、成都七中初中学校、北京日坛中学实验学校、电子科技大学实验中学等400多所联盟学校，并联合北京海淀区、深圳南山区、成都青羊区、广州荔湾区、天津和平区、大连金州区、宁波北仑区、杭州下城区等20个实验区进行未来学校试点工作。② 北京师范大学余胜泉教授及其团队依托未来教育高精尖创新中心，面向北京市基础教育领域师生未来教育发展的需要，研发基于大数据的智能教育公共服务平台，创新移动互联时代的教育公共服务模式，努力实现"全学习过程数据的采集；知识与能力结构的建模；学科优势的发现与增强；学习问题的诊断与改进"，探索新的教育业务形态、治理方式和应用解决方案。③

严格来讲，"未来学校"不是一个严谨的学术概念，它更像是一个与时俱进的教育话题，不同时代就会有不同的内涵。但是，随着越来越多的人开始认可并使用这一概念，"未来学校"就成了一个具有独特意义的专有名词。

---

① 曹培杰. 未来学校的兴起、挑战及发展趋势：基于"互联网+"教育的学校结构性变革［J］. 中国电化教育，2017（7）：9-13.

② 中国未来学校实验室. 中国教育科学研究院综合改革实验区未来学校菜单项目、领航学校及实验校集中研讨活动顺利召开［EB/OL］.（2019-06-14）［2019-10-01］. https：//www.sohu.com/a/320636680_793135.

③ 冯安华，王晓波. "双师服务"：基于"互联网+"的个性化教育公共服务模式创新·专访北京师范大学未来教育高精尖创新中心执行主任余胜泉教授［J］. 中小学信息技术教育，2019（Z1）：14-17.

"未来学校"概念的首次提出,应该上溯至杜威的著作《明日之学校》(Schools of Tomorrow),书中提及的葛雷学校、帕克学校、"村舍学校"、"森林小学校"等进步学校,都代表着杜威眼中的未来学校发展趋势。进入21世纪以来,随着教育改革的不断深化,尤其是"互联网+"教育的兴起,探索面向未来的新型学校形态成为新的研究热点。朱永新教授认为,未来学校将会变成学习中心,开学和毕业没有固定的时间,教师的来源和角色多样化,学生一人一张课程表,学习将是基于个人兴趣和解决问题需要的自发学习,是零存整取式的学习,是大规模的网络协作学习。① 余胜泉教授认为,互联网将推动出现一些从根本上进行重新设计的学校,学校将为学生提供更为灵活的课程安排、更适合学生的个体需求,而不是按照传统的学期或者固定的课程结构来组织。② 尚俊杰教授认为,未来学校建设有三层境界,先是信息化基础设施建设,然后是技术支持下的学习方式变革,最终实现教育流程再造。③

综合已有研究,我们认为,未来学校是指"互联网+"背景下的学校结构性变革,通过空间、课程与技术的融合,形成个性化的学习支持体系,为每一个学生提供私人定制的教育。这包括三个部分:一是学习场景相互融通,利用信息技术打破校园的围墙,把社会中一切有利的教育资源引入学校,学校的课程内容得到极大拓展,学生线上线下混合学习,整个世界都变成学生学习的平台。二是学习方式灵活多元,把知识学习与社会实践、社区服务、参观考察、研学旅行等结合起来,正式学习与非正式学习融为一体。三是学校组织富有弹性,鼓励学生自主管理,增加家长和社区在学校决策中的参与度,根据学生的能力而非年龄来组织学习,利用大数据技术让学习支持和校务管理变得更加智慧,让学生站在教育的正中央。正如袁振国教授所说,未来的学校一定是尊重人、发展人的学校,挖掘每个学生与生俱来的天赋,更加注重学生的核心素养培养,让每个学生成为他自己。④ 未来学校将把单纯传授知识的功能交给互联网,做只有教育才能做的事情:人和人的交流,情感和情感的沟通,生命和生命的对话,让学校成为点燃人的生命火

---

① 朱永新. 关于未来学校的思考[J]. 中小学校长,2016(3):3-4.
② 卢秋红. 基于大数据的教育公共服务转型与变革:专访北京师范大学教育学部副部长、未来教育高精尖创新中心执行主任余胜泉教授[J]. 中小学信息技术教育,2018(7):51-53.
③ 尚俊杰. 未来学校建设的三层境界[J]. 基础教育课程,2014(23).
④ 徐蓓. 袁振国:未来的教育,需要你重新想象[J]. 决策探索(上),2019(4):82-85.

焰、追求希望和理想的地方。

首先，未来学校不是对现代学校的全盘否定。随着未来学校的兴起，有人把它视为解决传统教育弊端的万能灵药，彻底否定今日学校的优势与价值，似乎"未来的"全是好的，"现代的"和"传统的"全是错的。实际上，未来学校不是推倒重来，更不是横空出世，而是在传承的基础上不断完善。当下就是未来的从前，如果连传统学校和现代学校的优势与短板都不知道，那就更谈不上建设未来的学校。我们了解学校的过去，才能更好地理解学校的现在，更重要的是从历史和现在中发现学校的未来。这是一个连续渐进的过程，来不得"大跃进"。实际上，我们倡导的未来学校，里面既有杜威教育哲学的影子，也有陶行知强调教学做合一的方法论基础，更大力吸取了传统教育注重系统性教学的精髓。从这种意义上讲，未来学校是对传统学校的"改良"，而非"革命"，未来学校是在今日学校基础上往前走的一小步。

其次，未来学校不是纯粹的教育信息化。未来学校离不开信息化，但只有信息化也不是未来学校。近年来，我国教育信息化不断推进，多媒体教室、无纸化办公、数字化学习等得到广泛普及，信息技术被视为创建未来学校的关键组成要素。但是，未来学校绝不等于学校的信息化。作为一项系统性改革，未来学校建设涉及方方面面，包括学习方式、课程结构、组织形态等方面的变革，信息化是撬动这些变革的支点，但不是未来学校的全部，更不是未来学校的目的。未来学校的最终目的是构建一种新的教育生态，打破整齐划一的工业化教育形态，创造符合学生需求的个性化教育。与此同时，还有一种看法值得讨论，有人认为，只有"新技术"，没有"乡土味"，也不是未来学校。这表面看起来无懈可击，却陷入了另一种误区，把信息技术与自然环境或传统教育资源对立起来。实际上，在数字原住民眼中，信息技术就是花草树木，就是一种自然而然的存在。① 所以，我们既不要高估信息技术变革教育的作用，也不要低估信息技术引领学校创新的潜能。

最后，未来学校不是追求高端豪华的学校。随着教育投入的不断增加，学校可支配的财力物力显著提升，很多学校把未来学校建设的重点放在软硬件设施上，引入各种高端的教育装备，修建豪华的创客空间，不断刷新学校建设的奢华程度，甚至有地方把未来学校当作政绩工程，不惜重金打造豪华校园，忽略了课程体系创新、教学方式创新等软实力的增强，最终导致未来学校成了披着华丽外衣的教育工厂。实际上，如果教育理念不更新、教学方

---

① 牟艳娜 用互联网重新设计未来的学校：专访北京师范大学教育学部副部长余胜泉教授［J］.中小学信息技术教育，2015（12）：6-9.

式不改变，仍然以工业流水线的方式批量生产学生，即使硬件再高端、校园再气派，也不能算是未来学校。未来学校绝不是体现在高端豪华的硬件设施，而是学校提供高质量教育的水平以及满足学生个性化需求的程度。盲目追求硬件建设，不仅是对未来学校的误解，更是对学校改革的亵渎。与气派的教学楼相比，学校应该把更多精力放在教育转型上，通过空间、课程、学习方式和组织管理方式的协同创新，最大限度地满足学生的个性化学习需求，这才是未来学校的成败关键。

杨宗凯教授指出，未来学校将通过信息技术促进教育流程再造，打破传统教育中标准化、流水线的生产方式，进行个性化和差异化的教学，解决长期以来困扰教育发展的"规模化"与"个性化"的矛盾。[①] 信息技术将逐渐隐身于教育的背后，以一种自然而然的方式影响教育，并贯穿学校教育的每个环节，包括学习空间再造、学习方式变革、课程体系重构和组织管理转型。

首先，学习空间再造：灵活、智慧、可重组。学习空间与学校的育人功能直接相关。长期以来，学校的学习空间一直延续着工业时代的设计标准。最为常见的场景是：学校由一间间一模一样的教室组成，每间教室摆满整整齐齐的桌椅，学生规规矩矩地坐着听教师讲课。这种场景与工厂非常相似，教室就像工厂车间，教育过程则像工业流水线生产，这种标准化的教室就是为了满足标准化的教学。为了更好地支持个性化学习和多样化教学方式的开展，未来学校的学习空间将从"为集体授课而建"转向"为个性学习而建"[②]，并呈现出一些新的趋势：一是灵活，创新教室布局，配备可移动、易于变换的桌椅设施，支持教师开展多样化的教学活动；二是智慧，打造数字化学习社区，利用大数据、云计算、物联网等新技术，搜集学生学习的过程信息，评估学生的学习特征与优势潜能，为每一位学生提供定制化的"学习体检表"，帮助教师研制出个性化的学习方案；三是可重组，扩展学校的公共空间，打破固定功能的设计思维，促进学习区、活动区、休息区等空间资源的相互转化，把非正式学习纳入学校教育的重要议程，给学生提供更多的活动与交往空间，促进学生的社会性发展，弥合正式学习与非正式学习之间的界限。

其次，学习方式变革：主动、深度、无边界。学习方式变革是未来学校

[①] 杨宗凯. 教育信息化十年发展展望：未来教室、未来学校、未来教师、未来教育［J］. 中国教育信息化，2011（18）：14－15.

[②] 曹培杰. 未来学校变革：国际经验与案例研究［J］. 教育科学文摘，2018（4）：72－73.

的关键。传统的学习是固定的学生在固定的时间学习固定的内容,并试图让所有学生达到固定的标准。未来的学习将突破这种强调标准统一的教学秩序,允许不同的学生用不同的时间学习不同的内容,帮助他们达到自己所能达到的最高水平。未来学习方式将呈现出新的趋势:一是主动学习,面向真实问题重组教学内容,采用主动的、探究式的、游戏化的学习方式,让学生在积极体验中学习知识、养成个性、培养能力;二是深度学习,学习不能停留于知识的了解和知晓层次,鼓励学生像科学家一样思考问题,像工程师一样解决问题,把鲜活的生活引入课堂,创设更多的动手机会,让学生用所学知识解决实际问题,帮助他们掌握知识之间的深层次联系;三是无边界学习,挖掘外部社会一切有利的教育资源,突破校园的界限,学习既可以在教室,也可以在社区、科技馆和企业,甚至可以去不同城市游学,任何可以实现高质量学习的地方都是学校。①

再次,课程体系重构:个性、联结、跨学科。现行的课程体系以分科为主,有利于系统知识的习得,但不利于完整知识结构的形成和综合思维能力的培养。随着课程的"知识化"倾向愈演愈烈,课程与生活的距离也逐渐拉大。杜威曾一针见血地指出:"只有在教育中,知识主要指一堆远离行动的信息,而在农民、水手、商人、医生和实验室研究人员的生活中,知识却从来不会远离行动。"② 未来的课程将根据生活中的真实问题设置主题,通过跨学科的课程整合,在不同学科领域之间建立联系,促进知识的活化,加强知识学习向实践创新的迁移。未来的课程将呈现新的趋势:一是个性,所有学生使用同样学习内容的局面将逐渐瓦解,学校依据国家课程标准,对教材内容进行优化和改造,彰显本土文化特色和学校价值主张,更好地满足学生的个性化发展需要。二是联结,未来学校的课程将突破校园的限制,联结学生与自然、社会以及个体生活的联系,通过校内外课程资源的有效整合,课程的提供者不仅仅是教师,也可能是农民、医生、商人、工程师、运动员、社区工作人员等,任何有专长的人都可以成为教师。在信息技术的支持下,课程资源更加丰富,学生既可以选择线上课程,也可以选择线下课程;既可以选择本校的课程,也可以选择外校的课程。三是跨学科,加强各学科之间的融合,通过序列化的问题把各学科知识串联起来,形成一种更加全面、相互衔接、融会贯通的课程结构,帮助学生形成更加完备的视角、思维和知识体系。

---

① 荀渊. 高等教育全球化的愿景:从无边界教育到无边界学习[J]. 电化教育研究,2019(5).

② 杜威. 民主主义与教育[M]. 王承绪,译. 北京:人民教育出版社,2001.

最后,组织管理转型:开放、民主、扁平化。当下学校管理存在过度的功利化、科层化、秩序化倾向,造成学校实践中"管理宰制教育"的管理主义盛行,学校管理本应具有的教育性遭到弱化乃至遮蔽。[①] 学校作为培养人的专业机构,管理本身也应该是一种教育,不适合的管理将会导致不完整的学生。未来的学校将更多采用弹性学制和扁平化的组织架构,不再拘泥于传统的年级和班级的管理体系,加强不同学段和不同年级之间的衔接,根据学生的个体需求提供私人订制的教育服务。一是开放,加强与外部社会的联系,推动学校与政府部门、科研机构、社区、家庭等开展跨界合作,利用一切有利的社会资源优化办学,完善学校治理结构,增加家长和社区在学校决策中的参与度,促使学校从封闭走向开放,学校与社会、家庭形成良性互动;二是民主,学校各项事务都应充分尊重学生,鼓励学生自主管理,培养学生成为有道德情操、国家意识和世界精神的健全公民,尤其对待学习困难学生和特殊儿童,要秉持公平理念,确保不让一个孩子掉队;三是扁平化,通过职能划分和机构重组,实现决策、执行和监督三个职能相对独立,精简管理层级,加强机构之间与机构内部的协调,学校组织架构将从纵向垂直模式转向多向交叉的互联模式。同时,利用大数据提供更加精准的教育管理服务,建立"用数据决策、用数据管理、用数据创新"的新型管理机制,提升学校治理能力的现代化水平。

学校具有鲜明的时代性,每个时代的学校都带有那个时代的特征。从庠序到私塾,从古代官学到现代公立学校,无一不是时代变迁的产物。随着"互联网+"时代的全面到来,新的时代必然会塑造出新的学校形态,学习空间、学习方式、课程体系、组织管理等都会发生新的变化。尽管如此,教育的本质并不会因信息技术的介入而发生改变,教育传承文化、创新知识和培养人才的本质不会变,立德树人的根本目的也不会变。在这个变革的时代,教育需要改变,也需要坚守。学校既要主动对接时代需求,积极探索"互联网+"教育的变革路径,促进信息技术与教育教学的全面深度融合,还要坚守教育的本质,回归教育的本原,把更多的选择权交给学生,把更多的创造权交给教师,把更多的办学权交给学校,让未来学校真正成为学习的乐园,而非教育的工厂。

(三)学生的发展怎么指导

对于学校及其教师而言,明了学生发展指导的具体内容,是开展学生发

---

① 包德鹏. 新课程实施背景下教学管理制度的反思与重建[J]. 教学与管理,2004(10):19-21.

展活动与工作的基础和前提。基于长期在高中从事教育实践的工作经验，笔者逐步形成对我国学生发展及其指导的认识与理解，尝试性地构建指向未来的学生发展指导框架。

1. 学生发展指导的内容

在当今社会日益多元化的现实世界里，在当前日益尊重个体及其选择的时代中，学校必须为学生的终身发展奠基，这不仅仅是提供知识性的、升学性的准备，更重要的还在于为未来的生活、参与社会建设和国家发展做准备。在现行教育制度及体系下，实施学生发展指导的内容及其重点究竟包括哪些方面呢？明确这些内容是建立普通高中学生发展指导制度及实践的关键。

在当前普通教育的课程与教学框架下，学生发展指导必须有助于提升学校管理水平，有助于加强学校德育工作，有助于强化课程实施，有助于改进教学效能。同时，指导又必须关注当前学校管理、德育、课程与教学等在促进全体学生全面发展方面所忽视的领域或者存在的不足。基于此，笔者认为，对学生发展的指导，应该更多地从认知入手，注重学生认知的丰富、完善与提升，这应该是当前学校学生发展指导最可行的策略选择。下面罗列的5项认知，或许正是当前以应试和分数为导向的学校教育所没有予以足够重视的内容。

（1）自我认知。传统教育关注传承与塑造，而以人为本的当代教育旨在帮助学生个体认知自我、了解自我和建立自我。所以，自我认知应成为学校教育中实施学生发展指导的主要内容之一。自我认知就是要帮助学生全面了解自己，包括基础、潜能、特长、弱点等多方面，由此科学认识现实与理想之间的关系，形成个体生涯发展中的自主性、自觉性和主动性。

首先是自我的知识。心理学对自我的概念有比较多的研究及解释。例如，心理分析学派创始人弗洛伊德认为，人格由本我、自我和超我三方面组成，它们之间的交互作用形成了个体应对外部环境的行为。人本主义心理学家罗杰斯提出的自我理论认为，"自我"涵盖了个体所具有的特性、意义的知觉、价值判断和思维，以及对"我是怎样的人"与"我究竟有哪些能力"的了解。美国心理学家费池运用心理测量的方式，在1965年提出自我概念的5个维度，为我们理解自我概念提供了比较好的框架。这5个维度就是生理我、道德伦理我、心理我、家庭我、社会我。自我是一个比较复杂的概念，尽管人们难以就"自我"的概念达成一致的认识，但人类及其每个个体认识自我又是必要的和重要的。

经典心理学认为，智力是每个个体的天赋性因素，不同的个体具有不一样的智力水平。现代心理学研究提出，人类具有多种潜在的智能，每个个体

所具有的这些智能因素存在着差异。而美国心理学家加德纳就是多元智能理论的杰出代表。

这些理论对于我们认识自我以及教育中指导学生认识自我,都具有重要的启示意义。从教育与指导普通高中学生发展的角度出发,至少需要指导学生认识自身所具有的以下内容:兴趣、能力、人格特征、需求等。对于高中学生而言,认识到"我是谁"是自我认识的核心所在,这种自我认识将帮助学生更好地认识人生与生涯、生活与社会、教育与学习等各个方面。

其次是自我的成长。教育与指导是促进学生发展的重要手段之一,学生发展的关键在于学生的内在动力和自我的积极努力。所以,指导学生的自我认知,必须为学生提供自我帮助的技能和方法。高中阶段教育在指导学生认识自我的同时,还必须促进学生自我的发展与成长。

例如,自我肯定是自我发展的方式之一。自我肯定有助于个体建立自信,减少自卑,改进与外部沟通和交流的态度,增加自我决策。研究发现,自我肯定者往往具有四方面的优点:能坚持而自信地表达自己的需求与看法,能委婉有效地拒绝别人的要求,能坚持肯定自己的权利,能主动积极地关心自己。这些优点体现了个体的自主性和积极性。如今,自我肯定已经成为当代积极心理学的关键词。在自我肯定之外,个体还应该具有自我疏导思想与心理、自我释放压力、自我探究与反思等的意识及方法。

由此可见,在实施学生发展指导的过程中,必须更加重视心理健康教育或心理辅导的实施,为学生提供具体的方法,使学生更加了解自己,建立更为清晰、合理的自我概念,同时,促进学生形成自我帮助的意识和技能,由此促进自我的发展。很显然,开展普通高中学生发展指导需要依托与借助心理学的理论与方法。

(2)生涯认知。基于终身发展的学生发展指导,其首要的内容就是促进学生对生涯的认知,这是学生发展自我的根基。在当前过度重视考试与升学的情境下,帮助普通高中学生认识到个体生涯的真实意义以及教育尤其是高中阶段教育的生涯意义,对于引导学生从现在做起、从细节做起、从学习开始的生涯行动具有持久而深远的效用。

首先是生命的意义。在个体生涯中,个体及其生命的价值意义在于个体的自我发展。因此,对于高中阶段的青少年学生而言,认识到生存的现实、理解生活的意义、明了生命的价值,对于其终身的发展将具有积极的、奠基性的影响和作用。

在个体生涯之中,生命及其价值意义必须是优先关注与重视的内容。尊重和保护自我生命是高中学生最基本的生涯认知。当前学校中之所以出现学生自杀等极端现象,就在于这些学生没有认识到生命的价值意义,更没有对生涯有一个全面的理解。

在高中学生发展指导中，必须指导学生具有尊重生命、保护生命、发展生命的态度和方法，指导学生科学而正确地理解个体生命与他人生命之间的联系，合理认识个体生命与社会发展、人类发展之间的关系。

其次是生活的意义。生涯的含义之一就是生活，追求幸福生活，是现代人所共同关注的目标。究竟什么是幸福生活呢？对于当代青少年来说，应该追求什么样的生活呢？应该如何理解青少年时期学生生活的含义呢？

指导学生认识和明了生活的意义，尤其是认识青少年时期的生活对于未来生涯发展的价值，有助于引导和帮助学生形成一种正确的、科学的和健康的生活观，尤其是认识高中学习生活的意义。高中教育需要指导学生选择一种合理的生活观并规划个人的生涯发展方向，形成生涯发展的技能。

对于普通高中学生而言，他们当下的生活主要是家庭生活和学校生活。当前普通高中学生及其家长对普通高中教育的认识往往过多聚焦在高考与升学，所以，这些普通高中学生在家庭中往往处于被"保护"的特殊地位。同时，以学习和考试为主导的校园生活又显得过于单调与枯燥，学习的快乐和生活的意义似乎远离这些普通高中学生。

普通高中学生正处于成长与成熟的变化期，必须增加其对真实生活的感受和认识，必须使学校教育与生活现实之间紧密联系起来。美国教育学家杜威认为，"生活即教育"，"教育即生活"。从学生发展的角度出发，普通高中学校需要为学生提供生活教育与指导。这种生活的指导，有助于帮助学生明白个人发展的意义，有助于学生形成科学的生活习惯、正确的生活态度和健康的生活行为，进而促进个体生涯的积极发展。

再次是社会的意义。个体生涯是个体生命与社会实践互动的过程。在个体生命与社会存在互动的过程中，个体受制于外在的社会环境，同时又具有参与、影响和改变外部社会环境的要求，这就是生命的社会意义。所以，个体的职业不只是谋生或者生存的需要，更能体现个体生命的社会价值与意义，即为促进社会发展做出个体贡献。所以，全面而正确地认识生涯"成功"的含义，是学生发展指导中不可忽视的一项内容。

在个人生涯指导之中，理想的指导是不可忽视的。在目前价值观多元、社会转型的全球化时代背景下，指导和帮助学生树立正确的人生理想，并不是一件简单的事情，其困难就在于如何使个人理想具有社会价值与社会意义。

最后是教育的价值。个体的生涯发展并非只是个体自我的自然生长。自文明社会形成起，尤其是在现代社会中，教育就一直扮演着促进个体生涯发展的重要角色。在当今教育高度发达的背景下，教育对个体生涯发展的影响

性或者说促进性尤为明显和突出。但是，当前学校教育还存在很多忽视学生生命主体性的现象，存在将学生看成"被"教育的对象的问题，使一些学生感受不到当前的教育或者学习给他们带来的快乐或者乐趣。

基于以学生为中心的教育观，教育必须更多地从学生的特点与需求出发，成为学生生涯发展即终身发展的内容，而不只是工具。在当前教育改革的过程中，正在形成教育与个体发展之间的互动关系。当代高中学生需要明确教育、学习与其生涯发展之间的密切关系，必须认识到教育对于其个人生涯发展的影响，认识到高中教育对于其个体发展的影响。所以，在高中学生发展指导中，必须将教育与生涯之间的关系作为学生制定生涯规划的重要基础。

总之，高中学生发展指导需要引导学生全面认识生涯的含义，同时，帮助学生获悉生涯管理的知识与技能，帮助学生建立生涯愿景，并由此引领个人的生涯发展。

(3) 社会认知。个体发展与社会发展密切相关。现代社会强调和重视个体的发展，其最终目的在于促进社会的全面进步和人类生活的和谐发展。当前社会注重以人为本，其最终目标是激发每个个体对社会的参与和贡献。普通高中学生作为未来国家发展和社会建设的重要后备人才，必须具有良好的社会认知，观察和认识社会，增加对现实社会的真实了解，建立社会责任意识和使命感。

首先是现代社会的发展。进入21世纪，全球化与信息化成为全球发展的重要特征，和平与发展成为人类发展的主题。但是，当前并不是一个真正的平坦化时代，各个国家之间的竞争、不同文化之间的冲突仍然普遍存在，而且似乎并没有缓和的趋向。究竟如何认识当今社会的特点及其发展的趋向，是教育不可回避的话题。指导高中学生认识当今国际社会的现状、特点及其发展的趋向，培养具有国际视野与国际理解的学生，显然是普通高中教育实施学生发展指导的重要内容之一。

正确观察世界的11个思维模式

1. 很多事情变了，但大多数事情没有变。
2. 未来就存在于现实之中。
3. 要认真把握媒体统计数据。
4. 勇于追求，错又有何妨。
5. 把未来看成一幅拼图。
6. 不要走得太快，免得让人不知道你在哪里。
7. 要变革，先让人们看到收益。

8. 改变是需要时间的。
9. 成功靠的不是解决问题,而是利用机会。
10. 旧的不去,新的不来。
11. 科技,始终来源于人性。①

相对于普通高中教育中的学科体系、课程标准及教材开发,当前普通高中的课程内容显然难以与现代科学技术发展同步。科学技术使社会、生产和生活发生了多方面的变化。在引导和培养高中学生的过程中,必须使学生对科技创新、科学伦理、人文精神、人性道德等因素及其关系有更加全面的认识和理解。

其次是当代中国的发展。《大国策:通向大国之路的中国策 全球视野中的社会转型》中说:"中国的社会转型很复杂,社会优化与社会弊病、社会进步与社会代价、社会协调与社会失衡相互交错,中国注定要在一个充满不确定性的时间和空间里浴火重生。"② 在这种特殊的转型过程中,2011年中国已经成为世界上第二大经济体。当代中国及其发展已经成为一个全球性的话题。

显然,当代中国发展的历史背景、现状特点及未来趋势是影响普通高中学生发展的重要因素。指导学生全面、科学、客观地认识当代中国发展,尤其是正确地看待社会转型中出现的各种现象及问题,对于促进他们的发展具有非常大的作用。

正如前文所述,个体生涯的价值意义,重要的一个方面在于促进社会和国家的发展。建设具有中国特色的社会主义国家,建设一个负责任的大国,必须依靠当代青少年。当代中国的发展,尤其是中国的崛起,不仅对当代青少年提出了新要求,而且也提供了新机会和新舞台。这就需要提供学生发展指导,使高中学生认识到国家发展对于他们的要求,以及提供给他们的发展机会。

在当前这个急剧转型和快速发展的中国社会,全面建设社会主义小康社会的发展目标,不仅是实施普通高中学生发展指导的重要内容,也是实施学生发展指导的重要原则之一。以参与和建设社会主义小康社会目标为导向,指导普通高中学生具有全面且正确的中国社会认知,由此帮助并促进青少年

---

① 奈斯比特. 世界大趋势:正确观察世界的11个思维模式[M]. 魏平,译. 北京:中信出版社,2010.
② 高全喜. 大国策:通向大国之路的中国策 全球视野中的社会转型[M]. 北京:人民日报出版社,2009:目录1.

学生形成当代中国社会的国家认同、民族意识、社会责任和公民素养。

这里需要说明的是,强调"现代社会发展"和"当代中国发展",并不排斥在学生发展指导中重视其他方面的内容,如人类社会发展的历史与中国社会文化传统等。事实上,认识"现代社会发展"和"当代中国发展",必须置于全球背景和中国历史的框架之中。之所以强调"现代社会发展"和"当代中国发展"的概念,主要是为体现指导是立足于学生现实与学生未来。

再次是人才的要求。时代的变迁和社会的发展对人才的要求也发生着相应的变化。就目前社会经济发展的特点及其趋势而言,社会对人才的要求表现在多个方面:个体的创新意识与独立能力、合作精神与团队工作能力、道德品德与社会责任感、终身学习与实践创造等。知识或者文凭不再是评价个体能力与水平的唯一指标,这就是现代社会与传统的文凭社会的区别。

美国学者伯尼·特里林和查尔斯·菲德尔在《21世纪技能:为我们所生存的时代而学习》一书中提出了21世纪必备的三大类技能:

学习与创新技能:批判性思考和解决问题的能力、沟通与协作能力、创造与革新能力;

数字化素养能力:信息素养、媒体素养、信息与通信技术素养;

职业和生活技能:灵活性与适应能力、主动性与自我引导能力、社交与跨文化交流能力、生产能力与绩效能力、领导能力与责任感。①

这些21世纪必备技能就是现代对人才的要求。普通高中教育需要指导学生明确现代的新人才观,引导他们按照新的人才要求形成和建立自我发展的愿景、目标、规划及行动,帮助他们形成终身学习的思想,明确高中阶段学习与个人发展之间的关系。

总之,普通高中学生必须认识到现代社会所需要的人才是什么,人才必须具有什么样的基本素养,以及如何才能成为人才。高中学生必须将当前的高中阶段学习看成个人发展与促进社会发展的重要阶段,而不只是高考的准备期。

(4)职业认知。高中教育阶段是学生在教育与工作之间做出选择的重要时期,职业指导是学生发展指导中的重要内容之一。不同于职业高中的普通高中学校,并没有为学生提供具体的职业培训活动,但这并不意味着普通高中学校不需要关注学生未来的职业问题。事实上,我国普通高中教育中文科

---

① 特里林,菲德尔. 21世纪技能:为我们所生存的时代而学习[M]. 洪友译,天津:天津社会科学院出版社,2011:前言4-5.

与理科的分科教学,就是基于学生未来职业发展的需要而实施的。指导学生认识职业,是普通高中学生毕业后选择就业领域或者选择高等教育专业的需要。

首先是职业的特点。社会经济发展的变化使职业发生各种变化。例如,产业的升级与转换,在使传统职业及其岗位消失或者变化的同时,也使得一些新职业及其岗位不断出现。每个劳动者的职业与岗位更新或者转换已经呈现普及化的趋势。2008年美国劳动部的报告显示,2004年18~24岁美国劳动者的就业岗位数量男性平均为10.7,女性平均为11.50,这种就业者的岗位变动现象在我国同样存在,尤其是在当前新公司不断出现的情况下。

所以,高中教育需要指导学生合理地认识职业及其变化,包括现代社会的行业类型及其变化取向、现代社会生产与职业工作的种类及其变化、社会职业分工及其能力素养要求、职业的资讯及其获得等内容。

现代企业日益关注个体的职业发展与企业前景的相互结合,也就是说员工的职业发展也成为企业发展所考虑的事项之一。所以,在实施高中学生发展指导中,需要引导学生认识现代企业和组织发展与个人职业生涯发展的相互关系,认识到影响个人职业生涯发展的多重因素,尤其是要认识到个体主动性在职业生涯中的积极作用。

其次是职业的体验。普通高中教育在为学生提供职业认知指导的过程中,既需要使学生从理论上认识职业,也需要使学生从实践中体验职业、感悟职业。普通高中学生需要通过职业的体验,更加全面地了解职业素养与能力的要求。

对于没有职业工作实践经历的高中学生而言,他们对职业的认识不可能是全面的。在当前的普通高中教育体制下,也不可能为这些高中学生提供职业培训与职业实践活动,然而为学生提供职业的体验是完全有可能的。例如,组织学生与职业工作者交流,与职业工作者一起工作一天,跟踪观察职业工作者的工作活动等。

总之,职业认知的内容应该是丰富的,方式应该是多元的,职业认知不等于职业培训。职业认知的关键,即引导学生树立合理的职业观,在获得有关职业方面一般性知识的基础上,建立对职业的向往与追求。

再次是职业的资讯。1999年我国首次颁发了《中华人民共和国职业分类大典》,将我国职业归为8个大类,66个中类,413个小类,1 838个细类(职业)。这8个大类分别是:

第一大类:国家机关、党群组织、企业、事业单位负责人,其中包括5个中类,16个小类,25个细类;

第二大类：专业技术人员，其中包括14个中类，115个小类，379个细类；

第三大类：办事人员和有关人员，其中包括4个中类，12个小类，45个细类；

第四大类：商业、服务业人员，其中包括8个中类，43个小类，147个细类；

第五大类：农、林、牧、渔、水利业生产人员，其中包括6个中类，30个小类，121个细类；

第六大类：生产、运输设备操作人员及有关人员，其中包括27个中类，195个小类，1 119个细类；

第七大类：军人，其中包括1个中类，1个小类，1个细类；

第八大类：不便分类的其他从业人员，其中包括1个中类，1个小类，1个细类。①

2015年我国发布了这一职业分类大典的修订版。事实上，在当今科学技术快速发展的知识经济时代，职业种类始终处在不断变化之中，新职业及其新岗位不断增多，相同职业与岗位在职责、任务和内容等方面的要求也在不断变化。全面的、动态的、正确的职业资讯，有助于学生了解现代社会生产生活中的职业知识及其要求，有助于普通高中学生选择未来的学习领域及职业。

总之，对于即将成为劳动者的个体而言，不能只是满足于为未来的某个具体行业或者职业及其岗位而准备必需的专门知识和专门技能，更关键的是要认识清楚未来整个社会产业及其职业的变化趋势，要为未来变化的工作做好必要的准备。

2. 学生发展指导的方式

在建设学生发展指导制度的过程中，不仅要明确指导的目标与指导的内容，而且需要明确指导的方式。只有了解指导的方式，才能实现有效的指导。目前，对于习惯于教学的普通高中学校及其教师而言，把握和使用合适的指导方式是十分重要的。根据不同的角度，可以区分出不同类型的指导方式。

（1）指导课程与课程指导。正如前文所述，高中学生发展指导是一种思想，也是一种活动，还是一种专业。对高中生实施指导可以考虑是否采用新

---

① 360百科：中华人民共和国职业分类大典［EB/OL］.（2016-06-30）［2019-10-01］. https://baike.so.com/doc/5569693-5784892.html.

的"课程"形式，或者利用现有的学科课程载体，这就是"指导课程"与"课程指导"的问题。

首先是以学生为中心的指导课程。建立学生发展指导制度需要从多方面入手，不仅涉及宏观教育政策，也涉及具体学校体系，更涉及学校课程及其教学的实践操作。就学校层面而言，以课程科目为抓手，如"生涯规划与管理"等，实施学生发展指导工作，是一种相对容易的选择。只是这种课程科目需要区别于目前高中学校开设的其他课程科目，在课程思想、课程目标、课程实施等方面必须体现实施学生发展指导的要求与特点。

综观当前的普通高中教育设置的课程科目，通常是以知识为核心的学科体系及内容。所以，课程教材是科学的、逻辑的、正确的、固定的，对于每个学生而言，学习标准、学习过程、学习结果往往也是一样的。这在以班级授课制为代表的制度化教育体系下，是必要的、自然的和合理的。然而，从促进每个学生发展的角度出发，仅仅包括这些课程科目的教学是不够的。按照指导的思想，学校教育还必须为满足每个学生的不同潜能、多元需求、各种特点提供更多的、更恰当的课程科目。显然，这种课程必须是以学生及其发展为中心的，而不应该是以知识为中心的。

这种以学生为中心的课程，必须始终坚持尊重当代中学生的个性特点和个体自主性，引导他们学会客观、全面且合理地观察与认识现实世界，激发和提升他们的主观能动性，由此促使他们成为更具活力的、更有主见的年轻一代。

指导课程的实施，必须高度强调学生的主动学习、合作学习和实践学习。因为指导的课程不仅能够传授学生如何认识自我、认识生涯、认识社会、认识职业的知识，更要有助于学生学会获得终身发展的技能、思维、愿景，由此体现高中教育在学生终身发展中的作用和价值。所以，讨论、报告、参观、游戏、表演、访问、辩论等，往往成为实施指导课程的方式。

这种以学生为中心的指导课程，更要采用主题模块、探究活动等形式，真正实现课程实施中的对话、互动和成长。在当前普通高中教育改革与发展的进程中，校本课程或者校本教材将是普通高中学生发展指导中的首选。

相对于教材而言，课程界定或者课程说明比较容易制定与开发，它比教材更抽象，更具有普遍的一般性。然而对于实施指导课程的学校与教师而言，教材更显得必需和重要，毕竟它是实施指导课程的载体和依托。

从目前来看，在国家层面制定统一的指导课程标准有一定可能性，但短期内比较困难，提供统一的教材则更困难。事实上，从促进学生发展的指导思路出发，没有必要实施全国统一的指导课程或者教材。我国各个地区与各类学校存在着诸多差异性和多样性，在国家建立普通高中学生发展指导制度的前提下，更需要鼓励探究和开发学生发展指导的校本教材。

校本教材需要结合本地、本校及其学生的实际情况，围绕指导的目标要求和内容要求而开发，尤其是要结合本地社会经济发展的特点、本校学生及其家庭的特点，既要指导和帮助学生认识和了解自我，又要指导和帮助他们认识和理解外部世界。学校要将校本教材开发的过程与学校及其教师研究学生发展的过程相结合。校本教材要注重为学生提供探究学习的参考资料，如文献资料等，也要为教师提供指导学生实践活动的方式与要求。

当前，普通高中在开设指导课程时，必须注意这些课程的设置时间，这些课程与现有教学科目之间的相互关系，以及承担这些指导课程实施任务的教师的要求，必须预防可能出现的与指导思想相违背的情况。

在以学生为中心的指导课程的实施过程中，不宜采用类似于学科教学的考试方式测量或者评估学生的学习效果。对于学校与教育者而言，关键是要考察在实施这类课程的过程中，是不是每个学生都有收获，是不是影响到学生的学习及其态度等。因此，指导课程的实施过程与实施的结果同等重要。

其次是学科教学中的课程指导。基于学科知识的教学，比较注重系统知识的传递；基于学生发展的指导，更加注重引发学生的自主参与和主体发展。事实上，指导与教学相互关联，基于学科知识的教学，同样可以渗透或者体现指导的思想，鼓励和激发学生的主体发展。所以，学科教学同样是开展学生发展指导的重要方式之一。

学科教师在教学活动中，可以结合学科内容，引导学生探究这些学科内容的形成历史与实践运用，由此激发学生对这些学科的兴趣。在现行的考试制度下，掌握学科知识与学科素养对于学生非常重要，但学科兴趣对于学生发展更加重要。学生的学科兴趣不仅有助于学生学习学科，还有助于学生参与学科发展，认识到学科与职业之间的关系。

所以，教师在学科教学的过程中，不仅要关注每个学生是否掌握学科知识，更重要的是启发、引导、培养学生对学科的兴趣。当前普通高中教育的学科与学生未来的升学及就业都有直接或者间接的联系。教师在学科教学中，必须有意识地将学科知识传授与学生对相关职业的认识相联系。例如，在语文教学中，可以安排学生阅读人物传记或者撰写人物访问，促使高中学生对生涯与生活有更多的感悟和认识。在数学教学中，可以运用经典的数学故事与现代的数学运用案例，指导学生认识数学的价值和意义，意识到数学对个人未来职业与事业发展的重要性。在政治科目教学中，可以指导学生更加全面而正确地认识社会，促进学生对世界、社会的思考，并形成自我的独立看法，更有主见。

启发式教学就是一种很好的指导形式。各类学科的教学都有指导学生发展的职能与可能,学科教学不能只是停留在要求学生掌握已经存在的外在知识,更要关注如何将它们转化为促进学生内在主体发展的资源。对于目前的高中教师而言,必须关注学科与学生终身发展之间的关系,必须将学科教学看成促进学生生涯发展的载体之一,真正实现教书育人的师德要求。

所以,在教学实践中,教师需要引导学生阅读和观察,组织学生探究和讨论,与学生开展双向的交流和对话。必须杜绝以教师为主的课堂内的灌输式说教,必须提倡教与学的真正分享和真诚交流。此外,教师还要有意识地将课内教育与学生课后行动联系在一起。

(2)团体指导与个别指导。理论上说,每个个体及其发展都是有差异的,所以,学生发展指导应该是个性化的与个别化的。在目前制度化的教育体系中,教育教学的基本单位是年级下的班级。由此,人们往往将指导分为团体指导与个别指导。

首先是团体指导。一个班级就是一个团体,因为这些学生有一些共同的特点与需求;面向全班学生实施指导,就是一种团体指导。但是,团体的概念不只是班级。在一个班级之中,学生之间存在着很多的差异,体现在学习基础、学习动力、学习愿景、学习能力、家庭背景等方面。因而,也可以按照各种因素,对学生进行分组,由此建立新的团体。这种新团体的建立,将为实施更具针对性的指导提供便利。就高中教育而言,根据指导的需要,可以在不同的层面组建各种团体,由此实施团体指导。例如,可以根据学生家庭背景或者学生兴趣组建跨年级与跨班级的团体,结合这些学生的家庭背景或者兴趣特点设计和实施指导活动。同样,也可以根据学生遇到的困难或者学习的水平,在年级之中组建团体,面向他们实施有效的指导。当然,在班级之中,同样可以按照一定的维度建立小团体。

团体有不同的类别,如正式团体与非正式团体、同质团体与异质团体、开放式团体与封闭式团体、自愿性团体与非自愿性团体、暂时性团体与持久性团体等。台湾学者吴武典曾指出,团体必须具有5个特点:团体成员的特定性、团体的共识性、团体的相互依存及互动性、团体的独特性,团体的规范性。这些特点决定了指导所具有的针对性、互动性和实效性。团体指导有助于发展学生的社会性,培养学生适应社会生活的态度和习惯,了解人类社会生活中互助合作、遵守规范的重要性。[①]

团体指导的目的并非在于发挥团体领导者或者组织者的个人影响,重要的是在于团体中每个成员的参与、实践、互动和成长。当然,团体指导并不排斥领导者或者组织者的角色,他们也是非常重要的,只是这种角色的作用

---

① 吴武典. 青年生涯发展能力的培养[M]. 南京:江苏人民出版社,1999.

区别于传统学科教学中教师"主导"或者"控制"的地位。

团体指导的优点不仅在于教师或者指导者能够同时指导多个学生的时间效率性,还在于团体本身就是成员之间相互指导和相互学习的资源。团体指导在心理学领域有较多的研究及成果,已经形成一系列成熟的技术与方法,这些技术与方法将是普通高中开展学生发展指导实践中必须借鉴和参考的。

其次是个别指导。团体指导能够帮助学生解决他们在发展过程中的一般性、共同性的问题;个别指导则是面向具体的个别学生,帮助他(她)解决特殊问题或者个人问题。很显然,团体指导与个别指导是有较多区别的。

在实施个别指导时,要注意处理好三个问题:

第一,要考虑什么样的学生个体需要参与个别指导。教育需要关注每个学生,然而在实践中,优先或者具体关注、教育或者指导哪个学生,需要教育工作者慎重考虑。个别教育或者个别指导不仅要遵循教育公平的原则,也要遵循道德伦理的规范,不能使这种个别教育与指导被外部或者学生看成"贴标签"式的行为,进而对学生的心理与思想产生负面性影响。就个别指导而言,不是教师为学生"补差",而是教师帮助个别学生解决当前的具体问题,促进学生的成长。从理论上说每个学生都应该得到教师的个别指导,但在实践中,教师无法做到。所以,选择参与个别指导的学生,对于教师而言非常重要。教师需要从教育和指导的要求出发,结合每个学生的实际及需求情况,采用教师鉴别和学生主动参与相结合的方式,来考虑决定实施个别指导的对象。

第二,要考虑什么时候为学生个体提供个别指导。指导的时机把握很重要。普通高中教育有三年时间,学校和教师可以结合每个学年的教育要求与学生发展的特点,把握实施个别指导的机会。一旦个体学生在思想、学业、心理或者行为等方面出现异常情况时,个别指导就应该介入。例如,学生上课时或者在做作业时出现明显的注意力不集中,学习成绩出现明显的波动,学生家长或者家庭出现变化或者学生与家长发生矛盾,学生出现明显的紧张、焦虑或者烦躁等情况,学生主动找老师倾诉或者寻求帮助,学生明显地不合群或者独来独往,学生选课或者选专业志愿等。总之,从促进学生发展的角度出发,个别指导的优先事项是预防问题与解决问题,而不是发生问题之后的应对、干预与治疗。

第三,个别指导在本质上是教师帮助学生寻找解决问题的过程,在这个过程中,教师与学生之间的关系十分重要。在个别指导中,教师必须克服"高高在上"的"说教者"的形象,教师与学生之间的关系必须是平等的互助关系,教师必须运用专业指导为学生营造安全与信任的氛围,要向学生表达出关心、认可、接纳、支持与理解的态度,体现出与学生共同应对问题和解决问题的愿望。显然，指责、批评学生在个别指导中不能采用。总之，在实施个别指导时，十分重视愿意倾听、有同理心、真诚、关怀、接纳的教师态度。

现代心理学理论提出了个别指导的一些基本的操作性技术，如专注、倾听、初层次同理心、简述语意、尊重、真诚一致、观察、具体、引导、高层次同理心、面质、自我表露、立即性、整理、反映、问题解决、角色扮演、结束时的技术等。[①] 从教师专业发展的角度出发，教师需要掌握这些专业技术，它们也是实施有效个别指导的重要保证。

（3）校内指导与校外指导。按照指导的场所，指导可以分为校内指导和校外指导。当然，这种划分是简单的，因为不论是校内指导还是校外指导，指导活动都需要具有规范性、合理性和正确性。其中，指导者都需要具有关于教育与指导的专业知识及技能。教师既可以是校内指导的参与者，也可以是校外指导的参与者，当然，校外人员也完全可以成为校内指导与校外指导的参与者。从促进学生发展的角度出发，校内指导与校外指导事实上是需要相互贯通、共为一体的。

首先是校内指导。学校是教育和指导学生发展的主要场所。因此，有效的校内指导需要考虑以下这些要求。

第一，校内指导与学校特色建设相结合。校内指导需要纳入学校办学和培养学生发展的整体计划之中。当前，我国普通高中学校多样化发展，必须落实到促进学生发展的办学实践中，只有实现学生的多元发展和全面发展，才能形成学校的办学特色，才能创造出多样化的普通高中发展格局。

当前，国家对普通高中教育有统一的要求与规定，如统一的课程标准，尤其是在当前统一的高校招生制度下，普通高中学校想要各自在课程与教学方面有很多创新举措，显然是十分困难的。然而，各地区各学校的学生是有差异的。所以，以尊重学生差异为基础的发展指导，有助于学校全面贯彻落实以学生为中心的科学发展观，有助于每所学校创建和形成自身的特色。

第二，校内指导需要形成体系和营造环境。目前，普通高中学校在教育教学及德育方面都基本形成了一些校本的体系及特点。同样，高中学生发展指导作为工作职能之一，也必须建立体系和形成特色。为此，校内指导首先需要考虑系统的设计与安排。根据三个年级的阶段性特点，构建从高一到高三的系列指导活动，要考虑各项活动之间的关联性，包括横向联系和纵向连续。在开展专题性指导活动的同时，要注重创设有助于实施指导的校园建设及环境。

---

① 刘焜辉. 辅导原理与实务 [M]. 台北：三民书局，2009：225-227.

目前，随着团体指导与个别指导的理论及技术的不断完善，学校拥有开展团体指导与个别指导的设施设备显然十分重要。例如，学校应该有可供团体指导实施的固定场所以及配合指导技术运用的必要设备；要建立使学生感到安全和有保护的个别指导室。在有条件的情况下，学校还需要培养、引进专业的指导教师或者辅导教师。

第三，将指导纳入常规评价之中。校内指导还需要注意与学校常规的学科教学、德育活动相结合，运用指导的思想与方法，促进教学任务的完成和德育活动的实施。学校在评价教师、评价教学、考核德育工作的过程中，必须将"指导"作为关注的维度之一。这样不仅有助于促进指导与教学、德育相结合，还有助于提高评价的科学性和合理性。

总之，校内指导应该是高中学生发展指导的主要形式，也是现代普通高中发展的重要方面之一。

其次是校外指导。在当今这个开放的多元社会中，仅依靠学校教育的力量培养青少年学生成为国家建设者和接班人，显然是困难的。促进当代青少年学生的全面发展和健康发展，不仅是学校的任务，也是全社会的职责。学校教育与社会教育包括家庭教育相互结合，是促进青少年成长的必然选择。同样，学生发展指导也需要校外力量的参与和支持。所以，校外指导是普通高中学生发展指导的一种重要方式。

第一，校外指导是社会的责任之一。当前我国正在努力建设学习型社会，正在努力实现社会主义文化大发展大繁荣，引导、支持和促进当代青少年学生的健康成长，理应成为当今社会建设与文化建设的一项内容。所以，未来我国公共文化活动开展、公共文化设施建设与公共文化产业建设必须充分考虑青少年发展的需求，考虑青少年参与的可能，考虑青少年发展的影响。在建设和谐社会与建设文化强国的过程中，全社会必须承担教育、引导和指导青少年健康成长的责任。总之，社会团体、文化机构、大众媒体等各个部门都应该将教育与指导青少年作为自身的社会责任之一。

当然，学校在实施校内指导的同时，也有责任要求或者参与校外指导。教育部门与学校有责任与社会的各个部门紧密合作，共同做好校外指导工作。

第二，校外指导更要注重与生活生产实践的结合。教育需要与生活生产实践相结合。学生发展指导的重要事项就是引导学生主动观察生活与观察社会。现代教育高度重视学校与社区、学校与企业、学校与家庭之间的合作和联系。社区、企业和家庭有责任为学生提供访问、考察、体验、研究生活与生产的服务。在这些访问、考察、体验和研究的过程中，学生能够获得对生活、社会、职业等方面的实践认知，有助于更好地促进学生认识自己和思考未来。这就是校外学生发展指导的价值与意义所在。

在指导高中学生参与生活生产社会实践的过程中，需要高中学校与社区、企业及家庭之间建立良好的合作伙伴关系，共同实现更有效地促进学生发展的校外指导。

很显然，校内指导与校外指导只是一种简单的划分，事实上，它们需要有机地结合在一起。高中学生发展指导体系中，既要建立系统的校内指导体系，也要注意利用校外指导的资源，由此形成促进学生发展指导的合力。

（4）教师指导与同伴指导。就参与实施高中学生发展指导的指导人员而言，教师、专业指导者（如心理咨询师）、社会工作者、家长等都可以成为高中学生发展的指导者。相对说来，以教师为主体的学生发展指导者更容易把握指导的要求，观察指导的实施和获得指导的期待结果。当然，教师作为指导者，需要与专业指导者、社会工作者及家长在指导学生发展方面取得合作和互补。

同时，当代教育日益注重学生在自我发展中的主体地位，所以，高中学生本身也是自我发展的指导者。同伴教育与同伴指导是当代青少年学生成长的一种重要资源。在学校教育的环境下，基于学生自身对生活、学习以及未来的认识与经验方面的相互交流、相互认可、相互启发与相互支持的同伴指导，也是促进学生成长的重要方式之一。

基于学校内实施学生发展指导的考虑，这里重点介绍教师指导与同伴指导的要求。

首先是教师指导。教师担负着教书育人的神圣使命，教书主要是通过教材而实现，而育人更多地需要立足于指导而完成。当然，教书与育人并不是完全分开的两件事情，事实上，教书与育人是一个整体，旨在促进每个学生的全面发展。教师指导需要遵循以下一些原则。

第一，角色定位。在学生发展指导工作中，教师树立正确的自我角色十分关键。新课程要求教师作为促进者，其本质就是指教师是学生发展的咨询者、辅导者和协助者，而不是居高临下的、权威的"决定者"或者"指挥者"。教师只有与学生建立平等的关系，才能较好地发挥指导者的影响力。

在当前教育实践中，一些教师常常以"过来人"的身份要求学生，以自身的个人"经验"告诫学生。表面上，这也是指导或者教育。其实，这并不是真正的指导。真正的指导需要以学生为中心，而不是以指导者为中心。所以，教师指导学生必须立足于学生的基础、背景、现状及未来。教师指导必须遵循前文已经提及的指导原则。

第二，合作指导。尽管理论上每个教师在教育中都需承担指导学生发展的职责，但在实践中，这又是很困难的。所以，对高中学生的发展指导必须

注重合作指导。

所谓合作指导就是要加强教师之间对学生发展问题的交流与研讨,注重从不同的角度对学生进行全方位的指导,以求形成指导的合力。例如,就一个具体班级而言,班主任具有不可推卸的指导责任,同时,每位任课教师应该与班主任或者其他任课教师开展经常性的交流与研究,分析学生在学习与生活及其发展中出现的现象与面对的问题,围绕学生中的共同问题或者某个具体学生而制订恰当的指导计划与指导活动。

当然,合作指导还意味着教师要与专业人员或者学生家长等其他人员开展合作。例如,在教育与指导过程中,教师往往会遇到一些难以解决的问题或者不能帮助学生的情况,如学生出现比较严重的心理问题,这时候教师要帮助学生主动寻求外部专业人员的帮助或者治疗。又如,教师在遇到难以理解的学生问题时,也可以寻求学生家长的合作和参与。

第三,有效指导。有效指导即教师需要掌握一定的指导知识和技能,而不是依赖以往传统的灌输或者说教。学生究竟应该成为什么样的人?学生究竟应该如何选择或者确立自己的发展方向?面对这些问题,需要强调指导的专业性。所以,每个教师都需要具有指导学生发展的思想、知识和技能。例如,教师在指导学生的过程中,必须坚守基本的道德伦理原则,尊重学生的自尊与隐私,以不伤害学生的心理为最基本准则。针对每个学生的差异,教师必须有不同的指导技巧与方法。

总之,在实施高中学生发展指导的过程中,不仅需要专业的指导教师,更需要任课教师。指导学生发展要成为教师职业规范要求的基本内容之一。

其次是同伴指导。当代青少年生活在一个群体之中,同一学校环境中的学生具有很多共同的属性,面临与其发展直接相关的问题或者疑问,这些问题或者疑问有时候并不显现出来,但确实存在。这个时候就需要发挥学生同伴相互影响、相互帮助的作用。这就是同伴指导或者说同伴教育。

第一,同伴指导的含义。同伴指导是学生之间在平等基础上的对话,通常采用非正式的形式,易于学生之间相互认同和相互帮助。当然,有效而丰富的同伴指导,也需要教师的适当参与,如组织学生开展相互示范、游戏及参与等。同伴指导在本质上是一种合作学习,它利用青少年同伴相互影响的积极因素,对青少年进行发展指导。这种指导目前比较多地运用在青少年的健康与卫生教育之中,以促进学生养成良好的生活和行为习惯。同伴指导的实施,主要依赖学生自己鉴别问题,收集与分享解决问题的资料,包括介绍各自解决问题的方法、体会或者经验,探究与寻找解决问题的方式。教师更多的是扮演"听众"的角色。

总之,同伴指导有利于学生树立平等交往的观念,有利于学生学会与人友好相处，学会欣赏对方，树立真诚评价的思想和方法，同时，使学生学会主动承认自己的错误，促进青少年群体的健康发展。

第二，学生自治的班级建设。高中学生的班级团队建设是学生之间实行同伴教育与指导的重要途径。高中教育需要将班集体团队建设看成学生未来参与现实社会生产生活的准备。

在班级团队建设的过程中，首先需要明确学生自治的原则，而不能是班主任或者教师主导的。这种班级学生自治，包括班级全体学生参与班级规则的制订与班级活动的分担，实现全体学生的共同参与和平等参与。当前高中班主任和教师在班集体建设的过程中，总是认为学生不成熟、不懂事，不愿意或者不敢放手让学生自主管理班集体。这恰恰忽视了高中学生同伴指导的作用。

第三，异质的互补。教师在指导学生时，往往根据学生的相同特点将其分组，再予以教学或者指导。其实，同伴指导思想要求学校教育工作注重学生之间的相互教育与相互指导的作用。这就是异质的互补问题。

当前，高中教育非常重视学生的学习成绩与考试分数，班主任和任课教师经常让成绩好的学生介绍学习体会和学习经验。这些体会或者经验对于成绩差的学生可能有帮助。实际上，后者同样可以介绍和总结自我学习的得失，为前者提供启示和帮助。同时，在分数之外，两者之间的区分及其界限可能又是不一样的。

在促进学生全面发展的实践中，需要重视同伴指导的价值与作用，尤其是在心理辅导与行为改变等方面。毕竟在班级教育中，班主任与任课教师的力量或者影响是有限的。

3. 学生发展指导的途径

从上述高中学生发展指导的方式来看，实施高中学生发展的途径事实上已经显现了出来。为了便于理解，本部分再概括性地强调普通高中学生发展指导的一些可选择途径。

（1）融入学校发展。我国正在致力于普及高中阶段教育，努力追求教育现代化，普通高中教育发展遇到了前所未有的时代性机遇。但是，值得思考的是，当前普通高中学校办学现代化的追求，是不是真正围绕以促进全体学生全面发展为目标的素质教育呢？在当前普通高中学校发展与建设的转型期，必须始终高度重视学生发展的目标，必须将学生发展指导的思想与要求渗透到学校发展与建设实践的过程之中。

普通高中学校办学特色的形成和创建，必须依托学校所在的区域环境，立足于本校学生的基础、背景、特点和需求。所以，不论是学校发展计划的制订还是学校实践活动的开展，都离不开这些需要教育与指导的具体学生人

群。研究学校的环境与研究学校学生,是学校发展和形成特色的基础。当前普通高中学校发展之所以出现千校一面的现象,其问题就在于对高中学生之间差异性的忽视。

教育与指导学生是学校发展的主要任务之一。在当前普通高中教育要求与课程全国统一的情况下,学校实施有特色的学生发展指导,显然是建设特色学校的一种选择。随着高中阶段教育普及的实现,学生自主选择学校有望成为我国普通高中教育发展的新取向。每个普通高中学校要想获得自身的生存与发展,必须建出自身的特色,并以此吸引学生。所以,将学生发展指导纳入学校特色建设不仅重要,而且必要。

(2)改革学科教学。现行的考试与评价制度决定了学科教学在学校教育中的地位,使得学科教学成为普通高中学校的中心任务。尽管学科教学具有德育的教育职能,也具有指导的功能,但要使学科教学发挥指导功能具有一定的难度。

无论怎样,基于促进学生终身发展和全面发展的目标,高中学校的学科教学不能以追求学生考试高分数为唯一目标。学科教学既要注重培养学生掌握学科知识,也要注重引导学生对学科的兴趣、对学科发展的认识、对学科学习与人类社会发展以及学生个人生活与职业发展之间关系的认识。学科教学必须在传输"是什么"的同时,引导和启发学生探究"为什么",需要发挥指导在改变传统的死记硬背的灌输式教学中的作用。

所以,将指导思想与指导要求渗透到学科教学的改革之中,是高中学校开展学生发展指导的一种必然选择。为此,学校必须改变传统的教学评价思路及方法。在课堂学科教学评价中,不仅要关注学科知识教学任务的完成程度,更要关注学生在课堂学习中的各种表现,尤其是学生在态度与价值观方面受到的影响或者出现的变化。

(3)设立指导课程。前文已经从指导方式的角度就"指导课程"予以一定的描述,需要再次强调的是,开设学生发展指导的专门课程,必须基于促进学生发展的过程性目标,而不只是简单地为学生提供已有的知识或者经验。同时,这类专门的指导课程必须区别于一般的职业培训课程,更多的是为学生提供一种生活实践或者生产活动的个人感悟与个人体验。所以,与个人生涯终身发展有关的主题是指导课程的内容选择,活动、参与、探究、分享则是学生指导课程的实施方式。

就当前备受关注的普通高中学校开展的"生涯发展规划"课程而言,这种课程的目标应该更多地在于指导学生认识到生涯过程中"规划"的重要性和内容方法论,而不应该突出学生在学习过程中制定的规划的具体内容。生涯规划课程的重要价值在于,学生能够在高中阶段认识到个体在自我发展中的地位，认识到高中阶段教育对于个体生涯发展的影响价值，由此促进个体形成对高中阶段教育与学习的正确认识和积极行动。

就目前普通高中教育的教师队伍现状而言，实施专门的指导课程还存在一定的困难，其中首要的问题就是明确由谁承担这种课程的教学任务。而目前在职教师的知识、能力与水平可能难以胜任"指导者"的角色。其实，在实施这类课程式指导活动时，学校可以借助外部人员的力量，可以邀请校友、家长或者企业人员等现身说法与现场示范，学校教师则可以承担中介的角色。

总之，在现有课程教学体系和学校教育的格局下，开设学生发展指导的专门课程具有较大的挑战性和诸多的主客观困难，需要学校努力创设一定的条件。其中包括安排课时和教师、在全校宣讲这门课程的意义、动员家长的参与和支持等，组合校内外的各种力量提升课程的执行力。

（4）提升社团活动。创造丰富多彩的学校教育生活，是促进学生发展的本质需求。当前高中学校的学生社团活动还是比较丰富的。学校中的社团活动不应只是丰富学生的学习生活，关键是要体现教育与指导在这些活动中的参与，培养学生在学科教学中所不能获得的知识、能力和素养。所以，从指导的角度出发，学校与教师必须对社团建设及其活动有一定的规划、参与和引导，必须发挥学校和教师作为指导者的作用，而不能任由社团活动自由或者分散开展。

社团活动不只是学生的兴趣活动。学生社团活动是一种合作、集体的活动，有助于锻炼每个学生的团队意识和协作能力。通过学生之间的分享交流与展示，社团活动能够培养学生的开放思维、表达能力、质疑精神、赞扬鼓励等品德和技能。这些都是现代社会所倡导的个体必备的基本技能。

当代高中教育在注重学科教学的同时，必须更加重视非标准化课程的学生活动，尤其是学生的社团活动。社团活动作为学校教育中的隐性课程，其重要价值在于引导与指导。学校应该运用社团活动的形式，开展学生之间的同伴教育与同伴指导，弥补教师为主的教育与指导的不足。

（5）利用校外资源。促进学生发展不只是学校的任务，也是全社会的任务，其中，学生家长的参与尤为重要。在实施学生发展指导方面，学生家长是不可或缺的重要参与者之一，学校与家长之间的合作与交流，更是有效促进学生发展的必然要求。当代高中学生的家长都具有一定的文化水平，对教育包括高中教育有自身的认识，他们也都亲历我国社会经济发展的急剧变化过程，同时又对未来社会发展有自身的认识和展望。只有当学校与家长对学生的发展有共同的期待或者认可时，学生发展才能得到有效的实现。所以，学校在建立学生发展指导的体系时，必须将学生家长作为一种重要的指导资

源予以考虑。

家长的参与意味着学校制订的学生发展指导计划与实施的活动要得到家长的认可。例如，组织学生开展社团活动、组织学生开展校外访问活动等，都需要得到家长的认同。有时候，这些活动的实施还需要家长一起参与，如邀请家长一起参与分享活动，让高中学生分享不同家长的人生经历、（不同职业者）工作体会与生活感悟等。

在当今的中国社会，家庭及其家长在学生生涯规划和职业选择方面具有非常重要的影响力。家庭的社会地位、经济条件和教育传统影响着孩子的成长，家长对社会、生活及工作的认识和理解，以及对子女的期望，更是直接决定着高中学生的选择。例如，学校必须承认，家长是指导学生制定生涯规划和职业选择方面的重要人员之一。如何协调家庭与学校在指导学生制定生涯规划和职业选择方面的参与以及各自发挥的作用，是学校实施学生生涯发展指导的焦点之一。

学校可以尝试建立家长参与的学生发展指导模式，发挥家长资源的优势，努力使家长成为学生发展指导的参与者和合作者。例如，组织家长为学生开设专题讲座和面对面交流讨论，帮助学校组织学生实地考察社会生产和社会生活的实地场景等。

除家长外，学校还可以借助和利用其他校外资源实施学生发展指导工作。学校可以与社区、企业、社会团体以及校外公共机构开展合作，建立校外学生活动基地，用于开展学生指导。例如，学校可以组织学生参与社区公共活动，安排学生到企业体验生产工作的真实过程，指导学生了解社会、了解企业、了解实际生活，由此引导学生建立更加务实的世界观、价值观和人生观，同时也能够培养学生适应实际生活的能力。

在校外资源中，校友是一种值得依赖的资源。各种类型的校友，包括成功的、平凡的或者失败的校友，都可以成为指导学生思考的真实案例和可信资源。这些校友可以结合他们的现状反思自己在高中教育阶段的所得与所失，这对于引导学生重视高中学校生活、激发自我主体性、建立未来发展愿景具有非常大的意义。

第三章
生涯发展：学生发展指导师的技术

一、面谈

自20世纪80年代以来，国内外开始出现许多有关面谈技巧的专著。这些书的大多数作者都同意，在多数的指导情境下，面谈的助人技巧对于促进来访学生的改变是必要的因素。心理学家罗杰斯认为，无条件的正面关怀、真诚的心意、一致性和设身处地的同理心是最重要的四大因素。无条件的正面关怀指能够接纳来访学生，认定他的存在与价值，不考虑对方的年龄、性别、种族或过去的经历等；真诚的心意代表诚挚，即教师必须对来访学生诚恳以对。而一致性则指教师的音调、非言语行为和言语表达都要保持一致性。最后，设身处地的同理心是指教师要站在来访学生的立场，了解来访学生的感受。除此之外，有一些学者强调询问时的开放性和无偏见等，还有一些学者强调面质的重要性以及具体务实的必要性。

显然，本书无法将前人所述的所有技巧全部囊括其中。所以，笔者决定将那些常常运用在学生发展指导中的面谈技巧加以描述，力求简单明了，操作性强。同时，本书第四章列举的个案也可能会运用到这些技巧。

（一）非言语的技术

在学生发展指导个别谈话刚刚开始的时候，教师所表现出来的非言语行为就是指导工作最基本的技巧。在接待来访学生时，教师应该诚恳地面对，展现出开放的肢体动作（比如，不要交叉双腿和双臂），身体微微向对方的位置前倾，保持良好的眼神接触，不要瞠目对视。以上都是一般人在进行深入谈话时，自然而然就会显现出来的姿态。同时，教师还应该保持放松的状态。这些技巧在东西方大多数文化背景下都被认同，不过，在少部分文化地

区，也许人们会用其他方式表达接待的态度。

当诚恳面对时，师生之间的良好关系开始建立，这是开展指导工作的重要前提，是达到理解指导效果的先决条件。良好关系的建立与维护受教师和来访学生的双重影响，是双方共同的责任和任务。

在指导中，教师应该持有什么样的态度呢？一般包括尊重、热情、真诚、共情、积极关注五个方面。这些态度与教师的教育理念、个性特征和来访学生的动机、合作态度、期望程度、悟性水平、自我觉察水平、行为方式及对教师的反应等都有密切关系。

所以，有的时候，教师对实施指导的时机把握也很重要。当学生刚刚发生好的转变时，教师应该及时反馈，给予强化；当学生的转变尚在酝酿中或者正在转变时，教师不要过度干涉，要给予充分的信任和等待的时间，以免学生产生叛逆心理，影响师生之间的指导关系。

1. 尊重

所谓尊重，就是指教师在价值、尊严、人格等方面与来访学生保持平等，把来访学生作为有思想感情、内心体验、生活追求和独特性与自主性的活生生的人去看待。做到尊重，就可以为学生创造一个安全、温暖的氛围，获得自我价值感，敞开心扉，最大限度地表达自己，激发、唤醒学生的自尊心和自信心。

如何做到尊重呢？首先，教师要对来访学生无条件地接纳，做到平等、礼貌、信任、真诚地面对学生，并注意保护学生的隐私。尊重的核心在于"接纳"。无条件地接纳来访学生的一切，既要接纳其积极、光明、正确的一面，也要接纳其消极、灰暗、错误的一面。教师在做学生发展的指导工作时，尤其要注意保持价值的中立，态度应该是非批判性的。

2. 热情

所谓热情，就是指教师以友好、温暖的态度，有效地消除来访学生的不安与紧张，使来访学生感到自己是被接纳的，受欢迎的。教师可以通过倾听和非言语行为表达热情。认真、耐心和不厌其烦，都是热情的最好表达，不因来访学生表达的内容而批评他。

尊重比热情更具有理性色彩。热情偏向感性，不但在学生发展指导个别谈话时要保持热情，在整个指导过程中，都要表现出热情。

3. 真诚

所谓真诚，是指教师没有带着防御式的伪装面向来访学生，不把自己藏在专业角色下，不戴着"咨询专家"的假面具，表里如一，真实可信地置身于与来访学生的关系中。真诚既可以为指导情境营造安全自由的氛围，又可以为来访学生树立一个良好的榜样。因为真诚才能够引导学生直面问题，剖析成因，找到对策。

真诚是以促进学生的成长为目的的，所以运用"真诚"的技巧时，有几个需要注意的地方。第一，真诚不全等于"实话实说"，如果在不适当的时机和指导的阶段过度直接，反而不利于来访学生的成长。所以，真诚还要注意表达适度。第二，真诚还体现在教师的坦诚上，以真实的自我状态合理地表达自己的喜恶和期待，可以较好地缩短师生之间的距离。第三，真诚要注意体现在非言语交流上，同时还要考虑时间的因素。不宜过度坦诚，甚至演变为自我发泄，占用宝贵的指导时间，忽视学生的感受。

4. 共情

所谓共情，是指教师对来访学生内心世界的理解和体验。要设身处地地理解来访学生，而不是要和学生有共同经历。具体而言，是指教师从学生内心的参照体系出发，设身处地地体验来访学生的精神世界；运用谈话技巧把自己对学生内心体验的理解准确地传达给对方；引导学生对其感受做进一步思考。

共情，可以帮助教师准确理解和把握来访学生的内心世界，建立积极的指导关系；促进来访学生的自我探索，直接起到助人效果。其中，建立积极的指导关系最为重要。如果缺乏共情，来访学生会感到失望、不被理解和受到伤害，从而影响其自我探索的进程，也会影响教师对来访学生的反应。

在共情时，不是要求教师一视同仁，而是因人而异。同时，要求教师把握好时机，善于使用非言语适度地表达共情。教师还要一边共情，一边考虑来访学生的特点和文化特征，适时验证共情的效果并随时给予修正。

5. 积极关注

所谓积极关注，是指教师客观看待来访学生，尤其关注和回应学生言行之中积极、光明、正性的一面，从而促使来访学生树立积极的价值观，拥有改变自己的内在动力。

积极关注，可以帮助来访学生深化自我认识，全面客观准确地认识自己的内部和外部世界，看到自己的长处、光明面和对未来的希望，树立信心，激发前进动力，挖掘自身潜能。

积极关注需要辩证和客观。教师要帮助学生辩证客观看待自己，避免盲目乐观，反对过分消极。判断和反馈都要注意实事求是。与其他几个技巧一样，积极关注应贯穿整个指导过程。

(二)谈话的技巧

1. 发问

发问是为了获得特定的资料或帮助来访学生说明及深思某个主题、感受或事件。封闭式问题是针对特定的答案而发出的,结果多半只有"是"或"不是"两种答案。开放式的问题则鼓励较具广度的回答,要求来访学生充分解释何时何地发生了什么事,感觉如何,以及某一情境、感受或事件的内容等。这两种发问方式见于下面的对话:

教师:你去年的语文成绩如何?(封闭式问题)

学生:我得了95分。

教师:你喜欢这门课吗?(封闭式问题)

学生:喜欢!还不错啦!

教师:你在课堂里学到了什么?(开放式问题)

学生:我们研究了一些现代作家的作品,同时还学习了如何评定短篇小说。我很惊讶这堂课竟然增强了我的能力,让我能自行创作出一篇好的作品。我的语文老师帮助了我,同时,他也对我的进步感到很高兴。

教师:这件事对于你想上大学的看法有什么影响呢?(开放式问题)

学生:它让我认真地思考一些事,我从来不知道我可以写得那么好!我们在课堂上所做的那些短评,让我不再恐惧写作,也让我开始想到:"嘿!我可以多做一点这类的事情。"我也许会到大学里修这门课。

就像上述对话所展示的,开放式问题通常比封闭式问题更能引导学生广泛详尽地解释说明。一般而言,问题的发问,尤其是封闭式的问题,会把访谈的责任放在教师身上,尤其是发问太频繁时,会令学生有种期待,以为他们答完问题之后,教师就会提供一个解决事情的办法。因此,在本书的个案中,教师很少直接发问。他们大多采用将学生的说法加以复述的方式引导学生更多地回答。

当然,封闭式问题也有需要使用的地方,比如有时候来访学生口述的事情很凌乱,缺乏条理和逻辑,使用封闭式问题可以帮助学生将思考的内容条理化;有时候教师可以借助封闭式问题缩小讨论的范围,或者在达到阶段性目标时,暂时中止某次谈话。

2. 隐喻鼓励

隐喻鼓励不以发问的形式进行指导,而是对来访学生所说的内容作选择性的重复，或以某些词语来鼓励对方进一步说下去，或者强调对方所讲的某部分内容。这是发展指导工作中最具发展指导特色的方法。具体有以下三种使用情况：

首先，对内容进行选择性的重复。"我和张三昨天晚上到北京路看电影"，若想知道来访学生与张三的关系，教师则说："你和张三?"接下来的回答就是一连串关于他们之间的事情。若问"张三和你"，回答的很可能是张三如何对待他的事情（这是无意识的融入）。所选择重复的内容被详细地具体化，这种方法使来访学生不自觉而自愿地倾诉所有事情。咨询处理得好往往会使来访学生情绪爆发，通过猜想一点一点往下顺，最后使来访学生哭出来（在这里，来访学生最大的感受是教师理解他）。

其次，以某些词语来鼓励，例如"唔""哦""然后呢"。通过这些简单的语言反馈，让来访学生感觉到你正在认真地聆听他所讲的内容，他会继续详细地谈下去。

再次，强调对方所讲的某部分内容。在发展指导中常常听到来访学生说："我不知道该怎么办。"教师应回应："啊！你不知道该怎么办。"此时来访学生往往把曾想过的办法诉说出来。我们需要来访学生把所有想法说出来，但不关心其内容，关心的是他为什么这样想。只要来访学生不断地诉说，教师就能找到突破点。

使用隐喻鼓励，能够使谈话成功地进行下去。在双方都想不出"怎么办"时，需要用该方法来解决，让来访学生继续详细地谈下去。

隐喻鼓励还能够使来访学生对事件的讨论转向对体验的讨论。

学生：人越多我就越容易感到紧张。
教师：人越多你越容易感到紧张？
学生：是的，全班人看着我，我十分紧张。
教师：全班人看着你？
学生：是的，我感到非常难堪。

来访学生讲述事情向纵深发展，深入内心的感受。

隐喻鼓励还可以控制谈话的内容和方向。需要来访学生谈什么就强调什么。一般来访学生的谈话包含许多方面，时间、人物、事件、人际关系等。教师应集中精神在脑中作记录，最大限度猜测哪个问题对来访学生影响最大，用隐喻鼓励发展。不同话题有不同的深度，不同深度又反过来影响鼓励的作用。隐喻鼓励是建立在语言强化上的。

最后,隐喻鼓励让来访学生感到被人理解。运用隐喻鼓励应注意肢体语言的配合,如专心倾听、目光注视、语气温和等。

3. 延续反应

通常在发展指导工作中,资讯获得越多,对指导的结果就越有帮助。非言语的表达,如点头或手势等,都可以鼓励来访学生继续谈下去。另外,言语上的鼓励,如"再多告诉我一点""关于这点,你可以再多说一些吗""再继续""嗯""然后呢"以及"然后怎么了"等,都可能奏效。

教师:你暑假的职业体验计划是什么?(开放式问题)

学生:我想我会去证券公司的市场部实习。我对这个岗位感兴趣很久了。应该利用这个暑假,尽早地去体验一下,否则报考大学时会后悔的。

教师:如果可能的话,可不可以再多说一点。(延续反应)

学生:其实我还不太了解市场部的运作,但是有人说我的兴趣和能力都适合这项工作,这就激起了我的好奇心。我觉得,有必要在报考大学志愿前,先到真实的职场里去体验一下。我的父母刚好都在证券公司工作,他们答应帮我联系一家公司。但是,在出发前,我还是有些忐忑,不知道应该做哪些准备。

教师:嗯,再多告诉我一点。(延续反应)

学生:我已经完成了学校布置的《生涯自我探索》测评量表,测评量表表明市场营销是我合适的职业之一。但是我不认为这个是唯一的选择。测评量表里也列了很多别的可能。如果这个暑假我决定了要去市场部,那么我在业务能力上需要做哪些准备呢?也许我应该提前与接纳单位联系,主动请教一下他们。

在讨论生涯问题时,延续的技巧可以带来更多的资讯,比学生原先想说的还要多。最了解来访学生的人,正是学生本人,许多重要的资讯都需要从学生身上发掘。因此,本书列举的案例将会常常出现这种延续反应。

4. 给予资讯,而非意见

通常指导教师会提供给来访学生有关教育和升学的资讯,这些资讯必须是最新的,而且要很准确。错误的资讯可能会给学生带来负面的影响或造成困扰。其实,指导教师的意见只能代表个人的主观看法。来访学生认为指导教师是专家,往往会将教师的意见当作一种资讯,甚至认定指导教师的意见必定是事实。因此,指导教师的意见可能会不当地鼓励或阻挠学生。

学生：在我修完高一的课程后，期末考平均分数只有60分。我不知道是不是该改变自己想念医学院的计划。

意见1：我认为你应该改变计划，平均分数只有60分，是没有什么机会进入医学院的。

意见2：事情可能会好转吧！你仍然有机会提高你的分数，也许还是能进医学院的。

资讯提供：你觉得你进医学院的机会有多大？（教师想知道学生根据的资讯是什么。）

学生：我知道大部分进医学院的学生，他们的平均分数至少是85分，可是我觉得我的成绩应该可以进步。

资讯提供：也许去找医学院招生的教授谈谈，对你会有一些帮助。你可以从他那里得知，在高中读书的学生要如何才能进入医学院。（教师并没有给学生所需要的资料，反而引导他去寻求另一个资讯来源。）

虽然高一时期60分的平均成绩，可能难以被医学院接受，但仍有例外的情况。如果教师采用意见1或意见2的说法，就是把自己设定在一个权威的角色上。本书介绍的理论都认为只有学生本人才是真正的决策人，教师只是为其生涯抉择提供引导。

5. 口头强化

对来访学生的行为施予口头强化（verbal reinforcement）常常运用在生涯指导中，这种技巧强调的是学生的行为，而非学生本身。

学生：我一直想要告诉我的数学老师，最近他给我们布置的作业实在太多，压力实在太大了。但是我又不敢这么做。我真的觉得很烦，我怕他对我发脾气，对我失望。这是我最不希望发生的事。因为除了这点之外，数学算是一门很不错的学科，我学起来很感兴趣，也很快乐。这件事一直困扰着我，害得我睡不着觉，也变得越来越沮丧。最后我鼓起勇气找老师谈，一五一十地说出我的想法。他竟然能够体谅我的处境，真让我松了一口气。

教师：这实在太好了，你做了你长久以来一直想做的事。你说明了问题和困难所在，而且觉得很满意，这真是太棒了。

如果学生说，"我把事情原委告诉了老师，他非常生气"。这时，指导教师可能会说："你已经做了你想做的事，也特别向他解释问题的原委，还告诉他这件事对你和同学们的困扰，你能够做到这些，实在是太棒了！很遗憾

他的反应并未符合你的预期。"在这两个案例中,指导教师口头强化的都是来访学生本身的行为。其实教师最常做的是寻求资讯的口头强化。例如,在得知学生针对某个问题,做过进一步的努力或曾和相关人士讨论过时,教师应该说:"你能花这么多时间去了解这件事,实在是值得赞许!"

二、探索生涯的历程

(一)对来访学生背景的探查

在学生进行发展指导的时候,发展指导教师对以下问题很感兴趣:父母和其他人对孩子的职业选择会产生什么影响?教养方式与管教经验对孩子的生涯抉择以及做决定的方式会有什么影响?很多理论学家都研究过他人对儿童的生涯发展的影响,而这些研究大多着重在父母的影响上。这种研究的动力,主要来源于弗洛伊德的心理发展动力学说。本部分主要顺应这类理论,探讨父母对子女生涯发展的影响,但读者需要了解,教师、同伴、社会、工作环境等对一个人的生涯发展也是有影响的。

近50年以来,美国心理学家罗伊(Anne Roe)针对父母管教类型及态度,展开了一系列影响个人生涯选择的研究。在此过程中,她发展了一套广为他人所使用的"职业分类系统"。最近,有关子女对父母依附关系影响的理论也被拿来运用在生涯抉择的研究中,家庭治疗师也发展了一些相关的概念和方法。

在罗伊的《职业心理学》(*The Psychology of Occupations*,1956)中,她详细描述了她的职业分类系统。她列出了许多职业所需的工作责任和能力,以8×6格的格式,在48个小框里加以说明。这个系统包括8个组别和6个等级。(见图3-1)这8个组别列在表格的上方位置,每一个彼此相邻的组别都表示它们在工作责任上有很接近的地方,反之隔得越远则相似性越小。可是,第1组和第8组却是一个循环相连的系统,即它们也算是相邻的两个组,彼此在工作责任上类似。罗伊对这个系统的发展工作不仅仅呈现在《职业心理学》一书中,还在与克劳斯(Klos,1972)以及伦恩伯格(Lunenburg,1990)的合著里多次出现,并据此发展出各类兴趣量表,被人们运用在发展指导与生涯指导工作上。

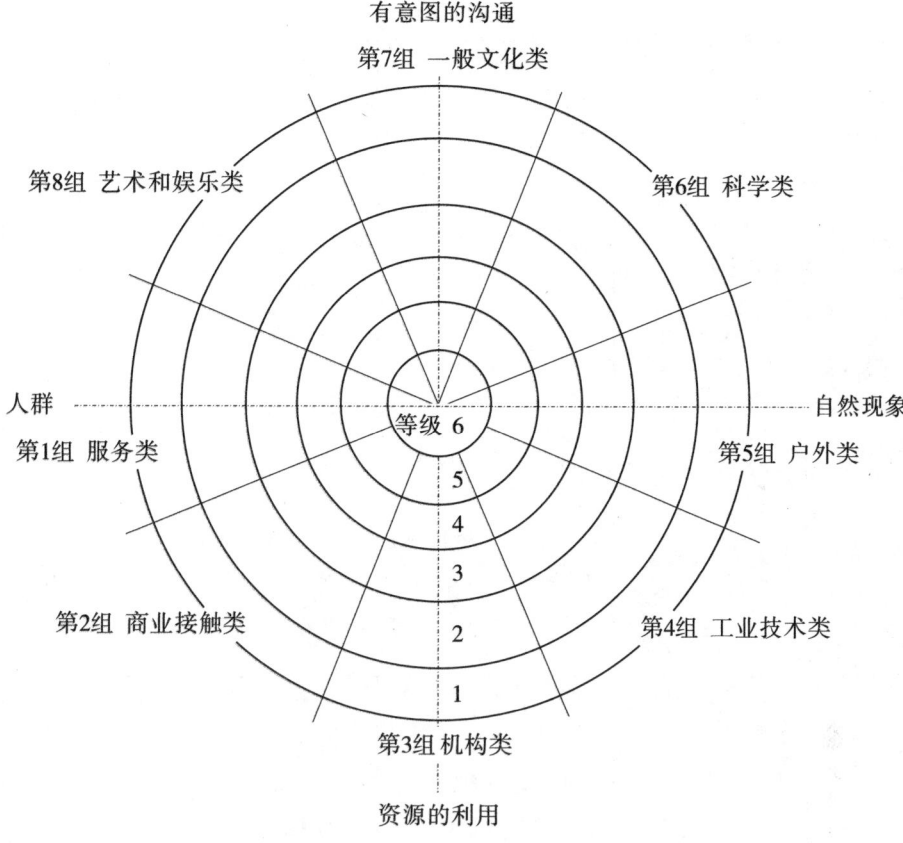

图 3-1　罗伊的职业分类图①

表 3-1　罗伊的职业分类表②

等级	第1组 服务类	第2组 商业接触类	第3组 机构类	第4组 工业技术类
1	私人医生 保健与营养师 服务类企业主管 咨询辅导师	创业人员	国家领导人 地产商 国际银行家	发明家 总工程师 舰艇指挥官

---

①　ANNE ROE. Early determinants of vocational choice [J]. Journal of counseling psychology, 1957 (4): 212-217.

②　ANNE ROE. The psychology of occupations [M]. John Wiley and Sons, Inc.

续上表

等级	第1组 服务类	第2组 商业接触类	第3组 机构类	第4组 工业技术类
2	社工 职业治疗师 大学辅导员与中小学（教导类）职员	创业人员 公开辅导员	注册会计师 企业和政府的行政主管 工会主席 经纪人	应用科学家 工厂经理 舰艇军官 工程师
3	政府职员 警察 城管人员	业务人员，包括：汽车业、保险业、经销业、零售业、批发业	出纳及其他非注册资格的财会从业者 职业介绍所经理 商店店主	飞行员 承包商 高级领班 电台播音员
4	发型师 厨师 护士	拍卖员 采购员 上门推销员 访谈员	收银员 店员 仓管员 销售人员	铁匠 水电工 普通领班 普通技工
5	计程车司机 餐厅侍应 商店导购与收银员 消防员	小商贩	档案员 库存人员 公证员 打字员	推土机操作员 搬运工人 冶炼工 卡车司机
6	家政服务员 医院护工 电梯操作员 保安 保洁员		快递员 外卖送餐员	助手 工人 包装员 打杂人员

续上表

等级	第5组 户外类	第6组 科学类	第7组 一般文化类	第8组 艺术和娱乐类
1	专家顾问	研究型科学家 大学教授 医学专家 博物馆馆长	最高人民法院法官 大学教授 发言人 学者	卓越的创作型艺术家和表演家 博物馆馆长
2	应用科学家 景观建筑师	自由职业性质的科学研究从业者 护士 药剂师	编辑 中小学老师	演员 艺术评论家 设计师 音乐编曲 美术编辑
3	农户 农场从业者 森林巡查员 渔猎守护员	影像与放射科技师 博物馆技师 气象观察员 脊椎治疗师	电台播音 图书馆员	广告方案撰写人员 广告设计人员 室内设计师 陈列馆设计师
4	实验员 矿工 油井钻探员 户外电力工人	技术助理	法律业务员	广告绘图员 橱窗和室内装潢师 摄影师 赛车手
5	园丁 雇佣农民 放牧工人 矿工助手	兽医助理		插画绘图师 替身演员 舞工人员
6	农场林地或建筑工地非技术性从业人员	科研机构的非技术性助手		

罗伊的系统提供了一个架构,可以用来理解各种职业。这个分类架构虽然只有8个组别,但是在使用上,却能够帮助发展指导教师有组织地理解职

业讯息，进而处理学生的生涯选择。罗伊系统的次序在于它的组别越接近，职业相关性就越类似。同时，6个等级也很好用，因为它们是以教育程度和责任能力来划分的。在讨论到某些职业时，指导教师可以就学生所提到的职业等级，同时考虑上、下两个等级中的工作。比如，学生提到想要做会计师（第3组机构类），并且正在考虑这个职业的资格条件（等级3）时，指导教师可以提出其他替代性的生涯抉择，例如收银员（等级4）或注册会计师（等级2）。以下对话发生在指导教师与学生之间，正好可以描述罗伊的系统的使用情形。

凯超是一名17岁的高三学生，来自江苏南部的农村地区。他正和高中的发展指导教师谈论自己的下学年计划以及应该报考哪一所大学。自从两年前的9月，他和指导教师谈过他的选课事项之后，这次访谈是他升入高三以来和指导教师的第一次谈话。

　　凯超：因为我的父母都务农，所以我可能会选择申请农业大学。我知道今年有很多同学都去读农学院了。
　　教师：我想再多了解一点有关你的计划。（教师知道凯超的计划是第5组户外类的第3个等级，可是并不确定这就是凯超的选择，还是因为这个选择就在家附近，很方便。）
　　凯超：我每个夏天都和我父母在一起养植和收割桑蚕和水稻，我们还有一群奶牛。我喜欢和我的家人一起工作。
　　教师：你做过其他工作吗？（教师很好奇，是否凯超的所有经验都只集中在户外？）
　　凯超：没有，没做过别的。我大部分时间都花在学校或农田里，或者参加学生社团。
　　教师：你在学生社团做些什么呢？（教师想要了解凯超的经验广度，所以询问他的爱好。）
　　凯超：我参加学生义卖会，还参加运动会裁判的进修课程。
　　教师：你还有其他的爱好，或参加过其他的活动吗？（教师依旧坚持想找出凯超在其他方面的经验广度。）
　　凯超：我帮学校报刊以及社团写一些时事分析的文章，可是我不是很喜欢。
　　教师：为什么不喜欢？（教师很惊讶地听到竟然有来自第8组的活动，所以想要进一步询问。）
　　凯超：因为我不喜欢写文章。我成绩比较好的是科学类科目，我比较喜欢科学。当我高二学生物的时候，我觉得那些内容真的很有意思。

教师：你提到这点的时候，整个人变得兴致勃勃呢！（凯超现在提到了科学类科目，所以教师想要多知道一点。）

凯超：我很喜欢学习有关人类身体的知识，可是我读得不是很好，我的成绩只有70分，我还是很喜欢它。事实上，我的成绩不算好，但我希望我能成功考上一所农业大学。

教师：你对自己的成绩感到失望吗？（凯超现在谈到可能的等级这个话题。也许是等级3或等级2。）

凯超：并不会太失望。现在我才开始比较关心这件事，我想这学期我应该会做得比较好吧！可是我之前的成绩都不太理想，不知会不会影响高考成绩。

教师：你似乎对未来有一些打算？（教师试着理解凯超的一些想法。）

凯超：我是想过，我可能会做一辈子的田间工作吧！也许我会想做其他的事。

教师：对那些可能的事有任何梦想或理想吗？（教师想要探索凯超在其他组别的可能兴趣，凯超似乎只有少许的经验，而且主要集中在第5组，即户外类。）

为了在上述的个案里使用罗伊系统，指导教师必须熟悉系统中的8个组别和6个等级。这样才能根据学生自身、生涯的各类资讯以及罗伊系统，找到其中的关联，探讨该个案。当然，实际上并不需要像这一个案所呈现出来的概念那么具体化，不过，要是能将所得到的讯息加以分类，绝对是很有帮助的。使用罗伊系统的等级说，可以让指导教师就某个组从业者的训练、教育、个人能力等问题进行再思考。这个系统也可和不涉及职业分类的其他系统相互配合使用。

（二）正式评量：测验及其结果的解读

在生涯发展的理论中，测验扮演了两个重要的角色：首先，测验可以用来发展并验证理论；其次，测验可以提供资讯给指导教师，再从生涯发展理论的角度，多方了解来访学生。

例如，美国职业指导专家霍兰德（Holland）发展了自我导向调查（Self-Directed Search）和职业偏好量表（Vocational Preference Inventory），并利用它们来验证自己的理论架构。又如，美国心理学家舒伯（Super）发展了价值观量表（Values Scale）和生涯发展量表（Career Development Inventory），

还有的研究者发展出数个生涯成熟量表。所有这些量表都可用来测验舒伯理论的各个层面。指导教师可以利用这些工具来了解学生的情况，再将所得资料与理论内容直接结合起来。

对于教师而言，测验、常模、信度和效度是用来决定选择何种测验的重要参考依据。测验具有三种重要的特性：筛选、执行和诠释。测验的选择必须根据某些理论观点，而这些理论观点和来访学生之间一定要有相关性。每一份施测手册都会详细描述执行的细节，而个人和团体的测验过程也须采取不同的考量。测验结果的诠释，必须在了解学生和测验内容或者相关量表的前提下才能进行。在本书中，将会举出几个在生涯指导中对测验结果进行诠释的例子，让我们清楚地知道指导教师应该如何与学生讨论测验的部分结果。

在实际的工作情境中，指导教师除了面对个别来访学生进行指导，也可能需要面对大量个案涌现，或是遇到指导时间不够用的情况。这时，像测验这种非个别辅导的介入方法可以用来确认学生是否需要进一步的个别指导。具体的实施方法包括问卷筛选法、纸笔测验法、在线测验法等。

在生涯咨询的干预方法中，对测验结果加以解读是其中一个重要的项目。在帮助学生探索自我时，常常需要对学生的测验结果进行诠释。这时，发展指导教师会用到前面讲到的许多面谈技巧。同时，发展指导教师要提前掌握某些与测验有关的预备知识，才能准确地帮助学生解读测验结果。

大部分书籍不会专门阐述指导的技巧，而只提供方法解析和组织资讯，其实这些资讯是在指导的过程中获得的。"授人以鱼，不如授人以渔。"本书打算将咨询的技巧如何在指导中发生作用细致地加以演绎。指导教师之所以能够引导学生，依据对测验结果的解读而产生对生涯规划有用的资讯，是因为使用了诸如内容和感受的复述、开放式的发问方式、面质、自我表露等技巧。生涯发展的理论，旨在帮助指导教师了解来访学生，这些技巧是为此服务的。使用特质或因素理论的发展指导教师，可能会问比较多的问题；使用塞普尔生涯全程理论（life-span theory）的发展指导教师，则可能比较少使用内容和感受的复述，而是运用生涯发展全盘考量的概念。但这不是绝对的。

1. 测验

在学生发展指导的领域里，测验成为一种指导工具。一般而言，测验指的是能力和成就的测验。为广大教师所熟知的测验与考试，就是这一种类。这类测验有正确的答案，而接受测验的人也会力求最好的表现。在学生发展指导中，除了潜能测试、智力测试、能力测试属于这一类以外，大多数的测验还可以将接受测验的人的偏好、观点抽离出来，后者并没有"对"或

"错"的答案。发展指导中常见的第二类测验，多用来判断学生的兴趣、价值观和人格。

各种理论背景的指导教师对于指导过程中使用测验的重视程度并不相同。自20世纪40年代，测验就在生涯指导的领域被广泛地运用。第二次世界大战期间，因为需要针对专长来指派人员参与军中的工作，所以大规模地发展测验。虽然一开始，测验的设计用途在于甄选人员，但在生涯发展的指导中也特别管用。为了能够运用测验，指导教师必须了解效度、信度、常模等概念。如果想更详尽地了解它们，建议读者查阅心理测量的课程或教材。

2. 常模

将学生在测验中所得的分数和基准样本进行比对，是很有帮助的。所谓基准样本，即常模，是用来发展标准化分数的一组样本。这类样本的所得分数是一般标准的分数，取样的人口应该是具有典型代表的群体。有时，常模是从一般的人口群体中挑选出来的；有时，常模是从特定的群体中选出。例如高中生、会计师等。在某些个案中，常模会将男女的样本群体区分开来，但有些时候，也可能整合在一起。另外，常模也会依据地区或年龄的不同，划分样本群体。好的常模会帮助指导教师完整地了解他们所用来比较对照的基准样本是什么。例如，指导教师不会将一名高二年级学生的生物成绩与初三学生的进行对比。虽然全国常模经常被利用，但是有时候，地区性的常模更有帮助。因为如此才能方便单一学校系统或者某一地市区内的学生进行比对。常模常常是以百分比的方式呈现的，可方便指导教师了解来访学生的成绩究竟是高于还是低于特定群体的水平。不过，标准分也经常被使用。与百分比不同的是，标准分还可以考虑到群体分数的分布形态等因素。

所以，指导教师要根据不同的测验手册，了解其中所使用的常模取样方法，进而决定哪种常模最适合指导所需。这对于想要利用测验结果，对学生进行发展指导的教师来说极为重要。

3. 信度

一个测验要能被使用，其内容必须可靠且一致。如果有一名学生进行了一次兴趣倾向的测验，那么他在第二次测验中所得到的成绩，应该与第一次的成绩相近。因此，一个具有优良信度的测验，会让同一个人在每次测验的结果中，所得到的相关分数落点近乎相同。下面两种情况导致测验的低信度：人类表现的多样性以及测验技术层面的不定性。举个例子，数学能力的测验比抑郁程度的测验要稳定多了。因为后者会由于个人的情绪而产生变化。另外，误差的产生也可能是测验环境造成的。例如灯光、天气的炎热或酷寒，以及不当的指导语说明等。在多数的测验中，信度指数通常会超过

0.80，但是在某些情况下，可接受的信度会低于这个数字。

信度可以用以上两种方式测量得知：在两个不同的场合下，执行同一份测验；或是将相同的测验以两种形式在不同的场合下执行。将单一测验分成可比较的两部分，再就这两部分所获得的成绩进行比较，就可以得到所谓的折半信度了；另一种测验信度，是检验项目间的一致性，借由检验测验中各项目之间的平均相关系数，即可得出。总之，为了决定某个测验是否能被使用，了解其信度十分重要。

4. 效度

一个测验是否测出了它所应当测量的目标呢？比如，空间想象能力的测验，是否真的测出了学生空间想象方面的能力？效度是指一个测验所能测出其想要测定的目标的程度。一个有效的测验首先必须是可信的，也就是说，它必须对某个特质或者其变量保持一贯的测量能力。不同类型的测验，所需要的效度类型也不尽相同。

内容效度（content validity）指的是测验项目的实际内容，这些项目可以反映出测验想触及的领域吗？例如电磁学的知识等。同时效度（concurrent validity）则是指和某一特定标准做对比的测量方法。举例来说，速记能力测验的分数可以和那些已然有成的速记员表现相比较。预测效度（predictive validity）指的也是一个标准，却是未来的标准。例如，教师性向测验是否能预测前来应征教师工作的人于一年之内的在职表现如何。结构效度（construct validity）就更复杂了，它指的是这种测验是否符合心理学的某个原理，以及它是否和所应发生的相关变量有关联。也就是说，一个抑郁量表应该和其他的抑郁量表有所关联，同时也和抑郁症的心理治疗评定有所关联。测验手册会为指导教师提供这些效度类别的资讯。不具效度的测验，对指导教师来说是没有价值的。一般来说，一个合格的测验至少要具备四种效度的其中几种。

下面一段对话是高二女生栩莹和她的指导教师之间的谈话。她的指导教师并没有《生涯发展量表》方面的信息，却能运用舒伯（Super）的生涯发展概念。

栩莹：我想和您谈谈，因为我不确定明年我该做些什么。我正考虑在这两年内，要向几所大学提出资格申请，也许我可以得到降分优惠，我也不太确定。

教师：你考虑到哪些层面呢？

栩莹：我真的很想去念医学院，可是我不确定是否能够负担得起学费，也不确定能不能考上。

教师：是什么原因让你这么犹疑呢？（教师询问她的生涯规划，想要了解她的不确定感为什么这么强。）

栩莹：我父亲希望我早点工作，他告诉我，他不想一辈子负担我的学费。而我的好朋友对我说，如果我去念医学院的话，我可能在35岁左右才能结婚。

教师：很难把你想要做的事和别人希望你做的事区分开来，对不对？（教师想要为栩莹减轻别人加在她身上的负担。）

栩莹：是啊！我也想了很多，许多人可能认为这只是一个梦想，可是我的学科成绩都比较良好，我想也许我可以做得到。我知道至少要在科学类的学科上得到优以上的成绩，才进得了医学院，我也知道这个科系需要花上很多的训练时间。大学里有奖学金，医学院也会有，也许我还可以边做兼职边学习。

教师：你似乎已经对大学方面的事情了解许多了。（栩莹确实对她所偏好的职业和所需的条件有很多的认识与了解，此外，她似乎也有一些工作市场的信息。）

栩莹：对啊！我和我家里的长辈谈过医学院方面的事情，而且我的表哥在为一位医生工作，他花了很多的时间和我详谈。我觉得医学院应该是很不错的选择，可是我也不大确定。还有其他的医学行业不需要花上这么久的时间，很容易就可以入行从事的，也许我应该像我母亲一样去做护理的工作，我知道目前护理人员短缺。要入行应该比较容易吧。

教师：你好像在质疑你自己。（教师再一次对栩莹的表现感到印象深刻，她已经做了相当程度的初步生涯探索，并且对做决定有一些认识。可是教师注意到栩莹的信心开始动摇了，于是他专注在栩莹的自我效能信念上。）

栩莹：在这件事情上，我好像一直都是一个人在努力。（栩莹开始哭泣。）似乎没有人认为我知道自己在做什么。有时候，我觉得别人一直要我按照他们的想法做事。

教师：你似乎很怕用你自己的方法来做事。（栩莹缺乏自信的感觉似乎越来越强烈了。）

栩莹：我是很害怕！您认为我的决定对吗？

教师：很难去判断什么是正确的决定。可是我真的对你的做法印象很深刻，因为你已经和这么多人谈过，而且你对自己的未来也有很好的认识。只是在做事情的时候，若是背后没有很多的支持，就会觉得行事不易。（教师并不知道对栩莹来说，"正确"的决定究竟是什么，可是他很支持栩莹那种

对生涯探索和对资讯寻求的努力,他也支持栩莹在自我效能上的成长。)

该教师很了解舒伯的生涯成熟度理论,也知道文化上的性别偏差程度,所以他能够体会栩莹在生涯决定上的挣扎。即使栩莹在生涯抉择上所寻求的帮助有限(不确定有关健康科学的正确领域),但咨询教师还是给她带来了有效的帮助。教师之所以支持栩莹,部分原因是教师了解生涯成熟度的重要意义。这段咨询访谈的目标在于帮助栩莹重新获得生涯决定能力的信心,这个目标和舒伯的理论假设一致,这个理论假设就是一种强调生涯成熟度和加强自我效能信念的理念。

(三)非正式评量

非正式评量,是指对评量者、评量工具与步骤都未作严格要求而进行的局部的、分散的评量手段,也称非标准化的评量。非正式评量虽然结论不一定非常可靠、完整,但其形式灵活、简单易行,有广泛的适用性。

通过非正式评量的手段,还可以更全面灵活地帮助学生探索自我,吸引学生参与评量活动,增强发展指导课堂的参与度。非正式评量的缺点是,由于评量者掌握的信息有限,加上缺乏科学的程序和方法,因而得出的结论难免粗糙,容易犯以偏概全的错误,同时它具有随意性,结论也难以收集和整理。

常用的非正式评量包括生涯拱门、生涯彩虹图、生涯幻游与成就事件、霍兰德兴趣岛等。

1. 生涯拱门

舒伯认为自己的理论是一种集大成的理论,涵盖了许多其他理论学家的精华成果。在吸取了众家的论点假设之后,他发展出自己的理论。在20世纪70年代后期,他进行了一系列的跨文化研究,提出了生活广度、生活空间的生涯发展观。他的"差异—发展—社会—现象学的心理学",试图从不同的学术领域中汲取精华,构建一套完整的生涯发展理论,这一理论的基础就是"生涯拱门"。

舒伯认为,人有一种驱动力,在生涯发展的历程中,人们不断地将理解到的自己融入工作之中,在工作中实践自我。因此,生涯发展的历程基本上就是自我概念(self-concepts)的发展和实践的历程。自我概念是"遗传性向、体能状况、观察和扮演不同角色的机会、评估角色扮演、与他人互相学习"等交互作用历程中的产物。(见图3-2)生涯发展指导,就是帮助个人主动地建构与理解其经验,形成其"内在现实"(包含能力、兴趣、价值与人格物质),并学会据以预测"外在现实"(包括工作生涯与生活方式的选择），接受现实的考验。这个学说在舒伯（1990）著作中有详尽的讨论，是舒伯及其合作研究者对人生角色和发展阶段的研究基础和著作基础。

在这个拱门模型中，最基础的底层部分有三：左边是生理基石（biographical segment），主要是个体的生理遗传基础；右边是地理基石（geographical segment），主要是个体的成长环境，特别是出生的祖国与原生家庭；中间则是这两个基石延伸交互熔铸的地基。舒伯的整个理论基础奠基于这个拱门模型，拱门的"生理基石"支持了个人心理特质的发展，如需求、价值、兴趣、智慧、性向、特殊性向等，这些因素发展出一个人的人格倾向，并导向个人的成就表现。"地理基石"则包括社区、学校、家庭、同伴团体、经济、社会、劳工市场等社会范畴。（见图3-2）

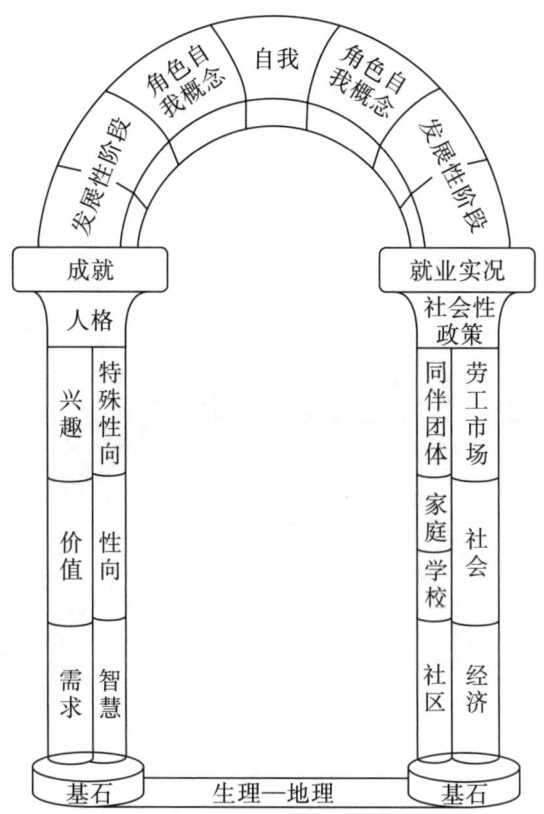

图3-2 舒伯的生涯发展的拱形门①

---

① SUPER, D. E. A life-span, life-space approach to career development [M] //D. Brown, L. Brooks, Assoc: Career Choice and Development: Applying Contemporary Theories to Practice (2nd ed). San Francisco: Jossey-Bass, 1990: 197-261.

这些因素影响了社会政策及就业实况。连接左右两大基石的拱形，则由生涯发展性阶段与角色自我概念串联而成，主导个人的生涯选择与发展。这两个擎天支柱向上延伸，透过个人的生涯发展阶段，逐渐形成"角色的自我概念"，进而发展成"自我"。"自我"居于拱门的中央最高点。从力学的观点看这个拱门的结构，"自我"的支撑力量是由左右两侧一块一块的基石从底层堆积而成。因为这些基石的存在，"自我"才能屹立于顶端。至于基石之间的接缝，必须要有水泥镶砌其间，舒伯称这些水泥为各种学习理论。

2. 生涯彩虹图

生涯发展大师舒伯的生涯发展说，基本上是对个人及其生活的环境做出的假设，认为在研究整个人生的生涯发展时，个人角色是很重要的，而个人角色包含求学、社区服务、休闲、工作和家庭。他认为，生涯是一个人生活里各种事件的演进方向与历程，包括一个人在一生中所扮演的各种职业和生活角色，并由此表现出个人独特的自我发展形态。他曾描绘出一个"生涯彩虹图"（见图3-3），呈现了人生各个发展阶段和所扮演的主要角色。

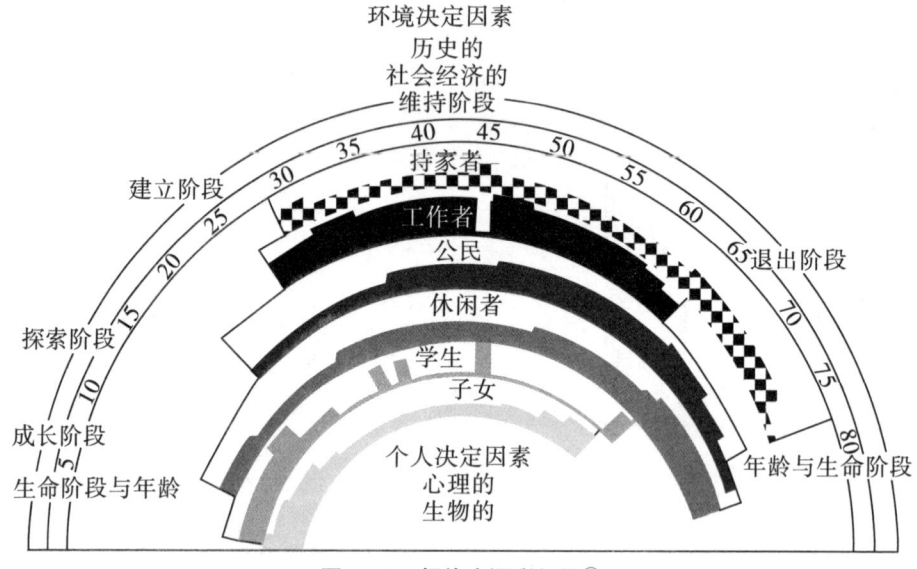

图3-3　舒伯生涯彩虹图①

---

① SUPER, D. E. A life-span, life-space approach to career development [M] //D. Brown, L. Brooks, Assoc: Career Choice and Development: Applying Contemporary Theories to Practice (2nd ed). San Francisco: Jossey-Bass, 1990: 197-261.

舒伯生涯发展理论中经常会出现一个概念，称为角色。每个人一生中都扮演着各式各样的"角色"，每一个角色各有特定的"任务"。年幼时，我们是父母的"子女"，要学话、学步，要听话、乖巧、不逾越规矩。年龄稍长，进入群体生活的学校，我们是老师的"学生"，要学文、学理、学做人的道理。年龄再长，离开学校生活，进入社会各行各业，拥有了代表自己职业角色的"工作者"身份，更要尽忠职守，为公司、组织创造最大的经济利益，为自己带来最大的成就感和满足感。在我们扮演"工作者"角色的同时，我们还会成为另一半的"配偶"，生儿育女之后成为"父母"，为社会贡献力量，成为合格的"公民"，并成为享受优质休闲娱乐的"休闲者"。最后，当年华老去，我们逐渐从工作岗位上退下来，如果"退休者"的精力仍在巅峰，可以做自己感兴趣的事情，还能担任公益团体的义工，点燃生命最后的余光，照亮后来人的旅程。每个人如何在这一生中扮演自己的不同角色，并发挥各个角色的功能，是他如何"成为自己"的历程，表现出他个人独特的自我风格。舒伯的彩虹图显示了个人的一生当中，角色的可能变化程度。在这个图形中，每一个弧形都代表了人生中的某个角色，弧形中的阴影部分越多，就表示这个角色越重要。

对舒伯的生命全期理论来说，随着年龄的增长，生涯发展经历成长、探索、建立、维持和退出五个阶段，每个阶段都有其重要的发展任务。

绘制生涯彩虹图的练习

在生涯彩虹图中，第一个层面代表横跨一生的"生活广度"，包括生涯发展的主要阶段——成长阶段、探索阶段、建立阶段、维持阶段和退出阶段。其中，成长阶段是在14岁以前，这一阶段的主要发展任务是自我概念的发展，以及对工作世界的正确态度的发展；探索阶段则是在15～24岁，其主要发展任务是发展相关的技能，使职业偏好逐渐具体化、特定化并实现职业偏好。建立阶段是在25～44岁，主要发展任务是稳定在适当的职业领域下，并巩固与提升地位。维持阶段则是在45～64岁，主要任务是维持既有成就与地位，更新知识与技能；最后的退出阶段是指65岁以后，其阶段任务是减少在工作上的投入，计划安排退休生活。

第二个层面代表纵贯上下的"生活空间"，由一组角色和职位组成，包括子女（儿童）、学生、休闲者、公民、工作者、持家者（夫妻、家长、父母）等主要角色。不同的精细程度代表在该角色的投入量与时间。

人生不是只有工作，经营好其他角色，人生才会丰富而精彩。当无法兼顾多重角色时,则要懂得取舍,分清轻重缓急。你目前最佳的角色组合是什么?最重要的1~2个角色是什么?你有没有用足够的时间去经营它?

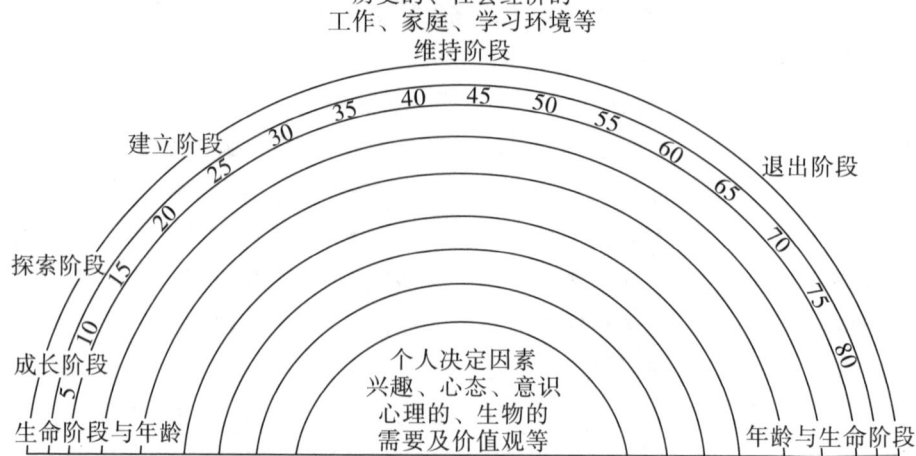

* 对于角色可以参考基本的6类:子女、学生、休闲者、公民、工作者、持家者,也可以用自己的理想职业作为角色自行添加

图3-4 绘制生涯彩虹图

生涯彩虹图的应用:

(1) 不同角色的交互影响交织出个人独特的生涯类型。

(2) 角色活跃于四种主要的人生舞台:家庭、社区、学校和工作场所。

(3) 各种角色先后或同时在人生的舞台上层见叠出,直至退休,退休之后仍有几种角色延续至终。

(4) 角色之间是交互作用的,某一个角色上的成功,可能带动其他角色的成功;反之,某一角色的失败,可能导致其他角色的失败。为了某一角色的成功付出太大的代价,也可能导致其他角色的失败。

(5) 彩虹图中的阴影部分表示角色的互相替换、盛衰消长,它除了受到年龄增长和社会对个人发展任务期待的影响外,往往跟个人在各种角色上所花的时间和感悟投入的程度有关。

(6) 各个时间有一个或若干个"显著角色"(role salience),如成长阶段最显著的角色是子女(儿童),探索阶段则是学生,建立阶段是家长和工作者;维持阶段工作者的角色突然中断,又恢复学生角色(再学习),同时公民与休闲者的角色逐渐增加。

在指导教师利用舒伯的"生涯彩虹图"帮助学生的时候，通常包括以下两个步骤。

首先是生涯发展的指导。生涯发展的指导是将生涯的概念统合在学习的历程中，由幼儿园到成人，其内容包括生涯认识、生涯探索、价值澄清、决策技术、生涯定向及生涯准备等。通过生涯发展的指导，希望能帮助学生：

（1）发展生涯决策能力。协助个人发展生涯决策能力，帮助个人在面对不同的生涯决定点时，能搜集、过滤、运用各种相关资料，作出最恰当的决定。

（2）发展自我概念。自我概念是个人对自己多方面知觉的总和，包括个人对自己的性格、能力、价值观、兴趣等的了解，也包括个人与别人和环境的关系的认知，还有个人处理事务的经验，以及对生活目标的认识与评价等，简而言之，就是"知道你是谁"。

（3）重视对生活方式、价值及休闲的思考。生涯的选择是一种生活方式的选择，包括糅合了工作、学习与休闲的特殊生活方式的选择。

（4）培养"我选择我负责"的观念。个人是自身生涯的塑造者，要有"自由选择和责任承担"的精神。

（5）保持好奇开放的态度，提高应对变化的能力。生涯发展受到很多因素的影响，有些可以控制和预测，有些则没有办法，人生中许多事情难以预料，个人的目标并非都能如期实现。外界环境的变迁、自身素质的变化、新的机遇的出现等因素都会影响原有计划的实施。当变化出现的时候，我们不应该固守着原来的规划，而应该重新对自己及环境进行评估，及时做出规划的调整。

其次是生涯规划的指导。生涯规划的指导包括以下四个环节。

（1）自我探索，包括对自我的兴趣、能力、价值观、人格特质等重要内涵的探索与评估。这是生涯规划的第一环，通过自我探索，了解自己的兴趣爱好，发掘自己的潜能，有助于针对性地制定属于自己的生涯规划蓝图。

（2）环境分析，涉及对个人所处的社会环境、文化群体、工作世界等因素的分析。生涯规划的第一个问题是关于自我的探索，而第二个问题则是关于环境的探索。正所谓知己知彼，百战不殆。我们在进行生涯规划的时候，要善于分析所处的环境，通过了解环境，认识各种工作的意义与价值，选择属于自己的成才之路。

（3）目标设定，这是对目标的探索，一个能提升自我肯定和达成自我实现的生涯目标，将成为引领自己的生涯发展的导向标。职业生涯目标的确定包括人生目标、长期目标、中期目标与短期目标的确定。

（4）计划的制订与实施，这是对如何达成生涯目标的思考，也是生涯规划中的重要一环。千里之行始于足下，思考如何为自己铺一条路、搭一座阶梯，通往自己要去的地方，也就是规划具体的行动方案或系列步骤，并付诸行动，以逐步达成理想的生涯目标。

虽然我们说这个世界唯一不变的就是不断在变化，大多数人的生涯发展都不是一帆风顺的，不可能完全按照计划表来进行，但这并不代表生涯规划没有意义。我们虽然无法改变世界，但我们可以改变态度。在生涯规划的过程中，自我探索、分析环境、设定目标、执行计划，这些都体现了我们积极准备的态度，而这种积极准备也提高了我们应对社会变迁的能力和对机遇的把握。

生涯是发展的，人也是发展的，我们所处的世界也是发展的。因此我们要以发展的眼光看待生涯规划，在生涯规划的过程中不断认识成长的自己，认识已经改变的外部环境，不断调整决策与行动。显然，系统的生涯规划是一个周而复始、循环往复的过程。

尽管偶然事件总是不期造访人生，使你感觉"计划赶不上变化"，但其实每一个偶然事件的背后都可能有一些必然因素，即"机会总是留给有准备的人"。很多事情都有两面性，偶然事件可能给你造成危机，也可能给你带来机遇。如果你能接受意外就是人生的一部分，能够开放自己的心胸来迎接偶然事件，积极采取行动利用偶然事件，你会发现人生处处将是美丽的风景。因此，我们说"规划可变，但需要以不变应万变"。所谓"不变"就是指一份积极向上的心态，它会帮助你在人生中应对挫折，走出茫然，战胜犹疑。

3. 生涯幻游与成就事件

生涯幻游与成就事件都是指导教师帮助学生探索自我优势、定位未来人生的简便易行的方法，常常被用于自我探索初期。

生涯幻游

今天，请大家一起来想象一下，未来3年、5年、10年后的自己将变成怎样的一个人。那时的你在哪里，做什么呢？

我们要通过时空旅行的活动，带大家到我们的目的地——十年后的某一天，感觉一下那时的生活。准备好了吗？让我们一起进入未来生涯。

现在请你尽可能放松。在你的位置躺下或者调整到你觉得最舒服的姿势，注意我的指导语，幻游过程中不要交谈或发出任何声音，按照我的指示，尽可能将注意的焦点集中在你心中想象的图像上。

生涯幻游——三年后的我

尽可能放松，使你自己能舒服地坐在椅子上（或躺在地上）。现在，闭上眼睛并完全松弛自己，舒缓你的呼吸，看看身体还有哪些地方紧张，有的话，请放松、放松、放松……

现在，我希望你想象自己经由时空旅行来到未来三年后的世界。想象在三年后的某一日，新的一天，而你刚醒来，几点了，你在哪儿，你听到什么，闻到什么，你还感觉到什么，有任何人与你在一起吗，是谁，现在，你已起床了。现在，你正在穿衣服，请注意，你穿的是什么。一旦你穿上了，你要做些什么，你的情绪如何，你意识到什么。现在，你正要去某地。回头看时，你刚才离开的地方像什么。（暂停）你上路了，坐什么交通工具？（暂停）有人和你在一起吗？谁呢？（暂停）当你走时，注意周遭的一切。（暂停）后来你来到目的地了。（暂停）你在何方，这地方像什么？（暂停）对这儿，你又意识到什么？（暂停）在这儿，你要做什么？（暂停）旁边有人吗？有的话，与你是什么关系？（暂停）你要在这儿逗留多久？（暂停）今天你还想去别的地方吗？（暂停）在这一天中，你还想做什么？（暂停）现在，你回家了，今天是什么日子？（暂停）到家时，有人欢迎你吗？（暂停）回家的感觉如何？（暂停）既然到家了，想做的是什么？（暂停）你与别人分享你做的事吗？（暂停）你已准备去睡了。（暂停）回想这一天，你感觉如何？（暂停）你希望明天也是如此吗？（暂停）你对这种生活的感觉究竟如何？（暂停）过一会儿，我将要求你回到现在，回到学校及教室。好了，你回来了。开始看周围的一切，欢迎你旅游归来，喜欢的话，可以分享你的经历……若不想，花些时间思考，想这些经历。然后，考虑下列问题：

（1）三年后与今天有何不同的生活内容？

（2）三年后与今天有何关系？

生涯幻游——十年后的我

我 25 岁时典型的一天的描述：

我 25 岁时从事的工作（含读书）的描述：

（1）我 25 岁时从事的工作是_____。

（2）我 25 岁时从事的工作内容是_____。

（3）我 25 岁时从事工作的场所在_____。

（4）我 25 岁时工作的场所周遭环境为何_____。

（5）我 25 岁时工作的场所周边人群为何_____。

我 25 岁时生活形态的描述：

(1) 我 25 岁时婚姻状态是_____。
(2) 我 25 岁时家中成员有子女_____人，是否与父母同居_____，其他_____。
(3) 我 25 岁时居住的场所在_____。
(4) 我 25 岁时居住的场所周遭环境为何_____。
(5) 我 25 岁时居住的场所周遭人群为何_____。

请说明下列问题：
(1) 我在进行幻游过程时，中断于_____情境。
(2) 我在进行幻游过程时，印象最深刻的画面是_____。
(3) 我在进行幻游过程后，与现在环境最大的不同为_____。
(4) 我在进行幻游过程后，我的感觉为_____。

我在进行幻游过程后，我未来之生涯会为何：
(1) 我认为我未来会从事_____职业。
(2) 我认为我的未来会与幻游过程相关吗？

成就事件

今天，想跟大家讲一个寻找自我优势的技巧。首先，请在 5 分钟之内，尽可能多地写下自己的优势，看看你能写下多少个。

今天我想讲的技巧，叫成就事件分析法（achievement event analysis），这个方法是生涯规划中常用的自我探索方法。

成就事件，指能够引起和唤醒你成功体验的事件。成功体验或者成就感，可以加强你的自信，以及提高自尊水平，对于寻找自身优势、了解自己有着重要的作用。

很多时候，我们迷惘无措，是因为我们不知道自己能做什么、善于做什么。所以一旦知道了自身的优势，做起事情来就会事半功倍。

第一步，你要先把自己的成就事件写下来。成就事件，简单来说，就是你做完之后觉得自豪、而别人也认同的事件。

我举一个例子。你的朋友每次考试发挥不好，都会找你倾诉，你就会帮她分析。分析之后，她觉得自己的思路清晰了，很感激你，而你也觉得分析完之后挺开心挺自豪的。

这就是你的成就事件。因为在这件事上你有自豪感，而别人也认同你，所以你可以先把这样的事情写下来。

第二步，分析成就原因。你需要问问自己，为什么能做成这件事，这件事反映了你怎样的优势。

在这一步，你要做的就是分析这件事让自己有成就感的原因。例如，刚才所说到的例子，为什么你能够做到这件事？首先，那是因为你愿意倾听朋友的诉说。毕竟很多人都不愿意听别人说这些负能量的事情。其次，你的分析能力比较强，所以可以帮助朋友把整件事分析清楚。而这些，其实就是你能够做成这件事的原因，而倾听和分析就是你的优势。

第三步，发散成就优势。问自己，为什么你会具备这样的优势。

这一步的核心是多问自己为什么，这样就能发现更多的优势，以及知道优势背后的原因。回到刚才的例子：为什么你愿意倾听别人的负能量？因为你有耐心，能够听别人把事情说完。为什么你有耐心？可能是因为你的共情能力强，所以你特别能够理解别人，愿意耐心听完别人的故事。为什么你的共情能力强？可能缘于你对情绪的敏感度，以及你的想象能力等。为什么你能够帮助朋友分析清楚整件事？因为你的逻辑很清晰，可以把线索都理顺。为什么你的逻辑会很清晰？可能是你对关键词的采集能力比较强等。这样，你就能够把自己的优势不断发散，从而找到更多优点。

你从一件事里面，挖掘到自己倾听和分析的优势，继而挖掘到自己的耐心、共情、情绪敏感度、想象力、逻辑和关键词采集等的优势，这些都是你的优势，也是你的自我价值体现。

最后，我们回顾一下，成就事件分析法怎么做。分三步：①写下让你自豪又被别人认可的成就事件；②分析这个事件让你有成就感的原因，并且从中分析出自己的优势；③发散你的优势，从你分析出的优势中继续发散，找到其余更多的优势。

有人说，当你觉得自己有价值的时候，很多问题都不是问题了。衷心希望同学们能够找到自身的优势，并且利用好它，从而提升自我价值感。

4. 霍兰德兴趣岛

霍兰德（Holland）认为，生涯的抉择与生涯的调整代表了一个人的人格延伸。犹如人们会借由工作的选择和经验来表达自己，包括自己的兴趣和价值观。在霍兰德的理论中，他假设人们对于工作的一般印象和通则，也就是社会心理学里的"刻板印象"（stereotype）通常都是很准确的。于是，霍兰德通过研究这些"刻板印象"，将人与工作领域分成了特定的类别（见表3-2）。

表3-2 霍兰德兴趣类型一览表

类型	喜欢的活动	重视	职业环境要求	典型职业	能力特性
现实型R	用手、工具、机器制造或修理东西。愿意从事实物性的工作、体力活动，喜欢户外活动或操作机器，而不喜欢在办公室工作	具体实际的事物，诚实，有常识	使用手工或机械技能对物体、工具、机器、动物等进行操作，与事物工作的能力比与人打交道的能力更为重要	园艺师、木匠、汽车修理工、工程师、军官、兽医、足球教练员	能够执行在处理物体、机械、工具、运动配件、植物或动物等方面需要机械能力、体力或协调力的活动
研究型I	喜欢探索和理解事物，学习研究那些需要分析、思考的抽象问题，喜欢阅读和讨论有关科学性的论题，喜欢独立工作，对未知问题的挑战充满兴趣	知识，学习，成就，独立	分析研究问题、运用复杂和抽象的思考创造性地解决问题的能力，谨慎缜密，能运用智慧独立地工作，一定的写作能力	实验室工作人员、生物学家、化学家、心理学家、工程设计师、大学教授	能够执行需要观察、评估、评量和理论或分析技能的活动，以便解决问题
艺术型A	喜欢自我表达，喜欢文学、音乐、艺术和表演等具有创造性、变化性的工作，重视作品的原创性和创意	有创意的想法，自我表达，自由，美	创造力，对情感的表现能力，以非传统的方式来表现自己；相当自由、开放	作家、编辑、音乐家、摄影师、厨师、漫画家、导演、室内装潢设计师	能够执行需要艺术、创意、表达和直觉等技能的活动，利用文字、动作、声音、颜色或具体的方式来传达美感、思想和情感

续上表

类型	喜欢的活动	重视	职业环境要求	典型职业	能力特性
社会型S	喜欢与人合作，热情关心他人的幸福，愿意帮助别人成长或解决困难，为他人提供服务	服务社会与他人，公正，理解，平等，理想	人际交往能力，教导、医治、帮助他人等方面的技能，对他人表现出精神上的关爱，愿意担负社会责任	教师、社会工作者、牧师、心理咨询师、护士	能够执行需要和人群一起工作的活动，以便告知、启迪、协助、训练、发展，或治疗他们
企业型E	喜欢领导和支配别人，通过领导、劝说他人或推销自己的观念、产品而达到个人或组织的目标，希望成就一番事业	经济和社会地位上的成功，忠诚，冒险精神，责任	说服他人或支配他人的能力，敢于承担风险，目标导向	律师、政治运动领袖、营销商、市场部经理、电视制片人、保险代理	能够执行需要说服、管理、监督和领导等技能的活动，以便获取某一机构的、政治的、社会的或经济的利益
常规型C	喜欢有条理、程序化的工作，愿意听从指令，有组织有计划地工作	安全、明确、细节	组织良好并有清晰的程序，具有明确的目标	文秘、会计、税务员	能够执行需要注意细节、精确度和一些文书技能的活动，以便记录、编档，及根据特别指示的程序来组织数字和语文的资料

随着现代社会的发展，人们的兴趣和能力呈现出多元的特点，职业世界变化速度也在加快，兴趣类型与职业分类已不再是完全的一一对应的关系。学生要动态探索自己的兴趣，不断体验，找到兴趣与职业的关联点。

霍兰德的理论体系认为：某一类型的职业通常会吸引具有相同人格特质的人，而具有相同人格特质的人对许多生活事件的反应模式也是相似的。他们创造了具有某一特色的生活环境,包括工作环境。霍兰德认为,在同等条件下,人和环境的适配性或一致性将增加个体的工作满意度、职业稳定性和职业成就感。

该理论有四种假设:

(1) 大多数人的人格特质可以归纳为六种类型。

(2) 工作环境也有六种类型,其名称及性质与人格类型的分类一致。

(3) 人们都尽量寻找那些能运用自己的技术、体现自己的价值以及能在其中扮演令自己愉快角色的职业。例如,一个现实型的人会尽力去寻找现实型的职业,其他几种人格类型和职业类型的匹配亦然。

(4) 一个人的行为表现是职业环境类型和人格类型相互作用的结果。如果知道自己的人格类型和职业类型,我们就可以预测自己的职业选择、工作变换、职业成就、个人竞争和教育及社会行为。

霍兰德所划分的六种类型,并非是并列的、有着清晰边界的。他以六边形标示出六大类型的关系。(见图3-5)

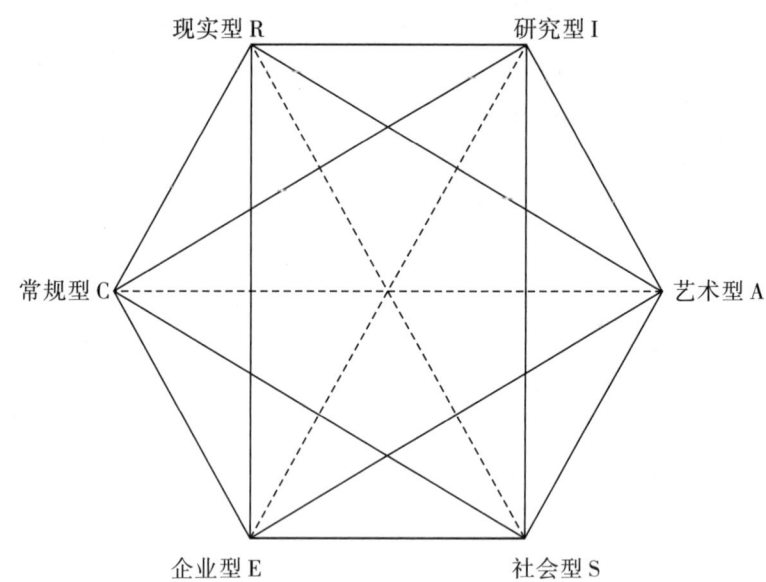

图3-5 霍兰德六边形模型

(1) 相邻关系。例如,RI、IR、IA、AI、AS、SA、SE、ES、EC、CE、RC及CR。属于这种关系的两种类型的个体之间共同点较多,现实型R、研究型I的人都不太偏好人际交往,这两种职业环境中也都较少机会与人接触。

（2）相隔关系。例如，RA、RE、IC、IS、AR、AE、SI、SC、EA、ER、CI及CS。属于这种关系的两种类型个体之间的共同点较相邻关系少。

（3）相对关系。在六边形上处于对角位置的类型之间即相对关系，如RS、IE、AC、SR、EI及CA。相对关系的人格类型共同点少，因此，一个人同时对处于相对关系的两种职业环境都兴趣很浓的情况较为少见。

霍兰德提出了职业选择时应遵循的几个原则：

（1）适宜原则。即每种职业人格类型的人适宜从事同种类型的职业，如S型人格类型的人从事S型职业。

（2）相近原则。即每种职业人格类型的人选择从事与人格类型相近类型的职业，比较容易适应，如S型人格类型的人从事与其相邻E型或A型职业。

（3）中性原则。即人们选择从事与人格类型呈中性关系类型的职业，经过艰苦努力，也较容易适应，如S型人格类型的人从事与其相隔一个类型的C型或I型职业。

（4）相斥原则。即人们如果选择与人格类型相斥关系类型的职业，则很难适应。如S型人格类型的人从事与其相对立的R型职业。

随着时代的发展和研究的深入，很多学者对霍兰德的兴趣类型论作出补充。来自台湾阳明大学社会科学院的黄素菲教授提出了"生涯兴趣小六码"。科系内的"生涯兴趣小六码"是指每个科系除了具备霍兰德理论的三个霍兰德码之外，内部本身可能都隐藏着一个完整的生涯兴趣六码结构。即便学生的生涯兴趣码与科系的兴趣码不同，学系可以借由"生涯兴趣小六码"模式而发展出跨学科课程，学生可据以发展合适的生涯方向。

了解了霍兰德类型说的基本理论观点后，本书使用一份课堂学习单，帮助读者了解"霍兰德兴趣岛"的操作步骤。

"霍兰德兴趣岛"之旅

今天给大家带来一个简单有趣，同时又非常有名的"霍兰德兴趣岛"测试。

通过选择岛屿，帮助大家洞察自己真正的职业兴趣，发现自己喜欢/不喜欢的职业，以便在职业选择时把握好方向。我们先来参观一下六个神奇的岛屿吧。

A岛——美丽浪漫岛。这个岛上到处是美术馆、音乐厅，弥漫着浓厚的艺术文化气息。岛民们保留着传统的舞蹈、音乐与绘画。许多文艺界人士都喜欢来到这里寻求灵感。

C岛——现代井然岛。处处耸立着的现代建筑，标志着这是一个进步的、都市形态的岛屿。岛上的户政管理、地政管理及金融管理都十分完善。岛民们个性冷静保守，处事有条不紊，善于组织规划。

E岛——显赫富庶岛。该岛经济高度发展，处处有高级饭店、俱乐部、高尔夫球场。岛民性格热情豪爽，善于企业经营和贸易活动。岛上往来者多是企业家、经理人、政治家、律师等。这些商界名流与上等阶层人士在岛上享受着高品质生活。

I岛——深思冥想岛。这个岛平畴绿野，人少僻静，适合夜观星象。岛上有很多天文馆、科技博物馆、科学图书馆。岛民们最喜欢猫在自己的小房子里，天天钻研学问，沉思冥想，探究真知。哲学家、科学家和心理学家们在这里约会，讨论学术、交流思想。

R岛——自然原始岛。这是一个自然生态优良的绿色之岛。岛上不仅保留了热带雨林等原始生态系统，而且建立了相当规模的植物园、动物园、水族馆。岛民以手工制造见长，他们自己种植花果，栽培蔬菜，修缮房屋，打造器物，制作工具。

S岛——温暖友善岛。这个岛的岛民们都性情温和，乐于助人，人际关系十分友善。大家互助合作，重视教育后代。每个社区都能自成一个密切互动的服务网络，处处充满着人文关怀气息。

现在你有15秒时间回答以下问题：①如果你必须在6个岛之中的一个岛上生活一辈子，成为岛民的一员。你第一会选择哪一个岛？②你第二会选择哪一个岛？③你第三会选择哪一个岛？④你打死都不愿意选择哪一个岛？选好之后，依次记下4个问题的答案。

测试分析

6个岛实际上分别代表了6种霍兰德职业类型，它们的描述以及矛盾关系如下：

A岛——艺术型（artistic） vs C岛——常规型（conventional）

E岛——企业型（enterprising） vs I岛——研究型（investigative）

R岛——现实型（realistic） vs S岛——社会型（social）

问题1的答案体现了你最显著的职业性格特征、最喜欢的活动类型以及最喜欢（很可能是最适合）的大致职业范围。反之，问题4的答案则是你最不喜欢的活动等。具体内容如下：

A岛——艺术型（artistic）。

总体特征：属于理想主义者，具有独创的思维方式和丰富的想象力，直觉强烈，感情丰富。

喜欢活动：喜欢创造和自我表达类型的活动，如音乐、美术、写作、戏剧。

喜欢职业：总体来讲，喜欢"非精细管理的创意"类和创造类的工作，如音乐家、作曲家、乐队指挥、美术家、漫画家、作家、诗人、舞蹈家、演员、戏剧导演、广告设计师、室内装潢设计师。

C 岛——常规型（conventional）。

总体特征：追求秩序感，自我抑制，顺从，防卫心理强，追求实际，回避创造性活动。

喜欢活动：喜欢固定的、有秩序的活动，如组织和处理数据等。愿意在一个大的机构中处于从属地位，并希望确切知道工作的要求和标准。

喜欢职业：总体来讲，喜欢有清楚的规范和要求的、按部就班、精打细算、追求效率的工作，如税务专家、会计师、银行出纳、簿记、行政助理、秘书、档案文书、计算机操作员。

E 岛——企业型（enterprising）。

总体特征：为人乐观，喜欢冒险，行事冲动，对自己充满自信，精力旺盛，喜好发表意见和见解。

喜欢活动：喜欢领导和影响别人，或为达到个人或组织的目的而说服别人，成就一番事业。

喜欢职业：总体来讲，喜欢那种需要运用领导能力、人际能力、说服能力来达成组织目标的职业，如商业管理者、市场或销售经理、营销人员、采购员、投资商、电视制片人、保险代理、政治运动领袖、公关人员、律师。

I 岛——研究型（investigative）。

总体特征：自主独立，好奇心强烈，敏感，并且慎重，重视分析与内省，爱好抽象推理等智力活动。

喜欢活动：喜欢独立的活动，比如独自去探索、研究、理解、思考那些需要严谨分析的抽象问题，独自处理一些信息、观点及理论。

喜欢职业：总体来讲，喜欢以观察、学习、探索、分析、评估或解决问题为主要内容的工作，如实验室工作人员、物理学家、化学家、生物学家、工程师、程序设计员、社会学家。

R 岛——现实型（realistic）。

总体特征：个性平和稳重，看重物质，追求实际效果，喜欢动手进行操作实践。

喜欢活动：愿意从事事务性活动，如户外劳作或操作机器，而不喜欢待在办公室里。

喜欢职业：总体来讲，喜欢与户外、动植物、实物、工具、机器打交道的工作内容，如农业、林业、渔业、野外生活管理业、制造业、机械业、技术贸易业、特种工程师、军事工作。

S 岛——社会型（social）。

总体特征：洞察力强，乐于助人，善于合作，重视友谊，热情关心他人的幸福，有强烈的社会责任感，总是关心自己的工作能对他人及社会做多大贡献。

喜欢活动：喜欢与别人合作的活动，帮助别人解决困难。

喜欢职业：总体来讲，喜欢帮助、支持、教导类工作，如牧师、心理咨询员、社会工作者、教师、辅导员、医护人员、其他各种服务性行业人员。

测试完毕，你发现最适合自己的职业了吗？

研究表明，如果你从事自己感兴趣的职业，能发挥你全部才能的 80%～90%，而且可以长时间保持高效率；若对所从事的工作没有兴趣，则只能发挥才能的 20%～30%。

由此可见，兴趣不仅能提高效率、发挥潜能，还能提高职业满意度。

所以同学们需要综合考虑兴趣、职业、事业后，再进行决策和行动，这样才能做出适合自己的职业生涯规划。

在指导教师利用霍兰德兴趣岛指导学生探索他们的兴趣与潜能时，可能会发现真实情境并不像兴趣岛探索出来的结果那样无可争议。这时，学生会选择在指导活动之后留下来，希望与教师作深入的探讨。在指导时，教师可能会运用到很重要的三个要点：兼容性、差异性和并存性。这些要点分别是指：人格类型与工作领域之间的关系（兼容性）、类型之间的差异关系及其相关重要性（差异性）和两个类型之间的并存关系（并存性）。除此之外，认同感（identity）也是指导教师需要谨记的。

（1）兼容性。兼容性指的是人格类型和工作领域之间的关系。人格类型越类似工作领域的类型，两者关系的兼容性就越高。社交型的人喜欢在社交型的工作领域中做事；研究型的人则喜欢在研究型的工作领域中做事。因此，一名社交型的人可能会发现业务挂帅的工作环境（企业型）与自己并不兼容。而一名研究型的人处身在艺术型的工作领域中，也会对艺术或音乐创作的自由风气产生无力感。使用霍兰德代码，让我们发现 SRA 人格类型的人可以兼容于 SRA 的工作领域中，却不能和 SRC 的工作领域兼容。依此类推，SRA 人格类型的人和 SIC 工作领域的兼容性就更低了。而 ICR 的工作领域和 SRA 人格类型的人就更不兼容了。因此，人格类型和领域类型代码之间相同的字母越少，其兼容性就越低。

咨询方面的启示。兼容性的概念对咨询辅导来说是很重要的，因为它为资讯提供了一个重要的目标。进行生涯抉择的学生当然希望能找到一个与其人格类型兼容的工作领域。根据霍兰德的类型说，评估学生的人格类型，并协助找出适合该类型的工作领域，就是这名教师的责任了。教师可根据霍兰德的假说，思索学生最有可能的事业选择有哪些，而两者之间的配合程度又有多高。

举一个关于兼容性的例子。真真是某市级中学的高二年级学生。她和教师在一场咨询访谈中，对谈如下：

真真：最近，我有一位朋友正在策划一个高中科学展览，我帮她一起做。我们花了很多时间将蚂蚁分类，并做了不同的岩层地形，感觉很有意思。

教师：听起来，你好像很喜欢做这件事情。（教师鼓励她再多谈谈自己在科学计划方面的兴趣，看看她对研究型活动的兴趣能否维持下去。）

真真：真的很好玩，我从来不知道观察蚂蚁这么有趣。它让我想到也许我将来可以做点什么。我真希望我早点想到做一个科学计划之类的事，可是已经太迟了。

教师：如果你现在想要做一份科学计划的话，会是一份什么样的计划？（继续探究研究型活动的可行性。）

真真：我不太确定，可是我想可能是有关老鼠和它们的习性之类的吧！我现在正在修生物学的课，我很喜欢这门课。我希望在下学期修另一门生物课。

教师：你似乎很惊讶自己对生物学那么有兴趣。（教师想了解研究型活动对这名学生究竟有多重要，她是否在最近才有这种自觉。）

真真：我的确很惊讶。我从来不知道自己那么喜欢科学。我知道自己一向喜欢艺术的，我的美术老师很喜欢我的作品，而且我也很喜欢绘画。去年夏天，我的作品在比赛中得到第一名！

教师：听起来很棒！自己能够拥有完全不同的两种经历，实在是一件很棒的事，而且又能乐在其中。（在强调学生的快乐时，教师也意识到研究型和艺术型这两者兴趣的并存性。）

真真：我曾经想过如果大学毕业后能从事这类工作，一定很不错。我曾想过做点有关生物方面的事情，比如当一名生物学家或者遗传学家的。可是我不确定要把艺术摆在哪里。有时候，我也想成为一名艺术家或建筑师。

教师：这两种职业都值得好好探究，它们的确很适合你刚刚所描述的自己。（刚刚所提的那些职业，虽然并不知道对应的霍兰德代码，可是教师可以感觉到那些职业的描述和学生的人格类型兼容。接下来，教师应以专业的立场，为这位学生找出能和此 AI 类型人格兼容的其他职业。另外，教师也会看看这名学生的个性是否有其他的霍兰德类型。如果有的话，教师可以再依此找出其他最兼容的职业。）

(2) 差异性。不管是人还是工作领域，皆可能因其所拥有的显著类型程度不同而产生差异。有些人可能特别像某个霍兰德人格类型；有些人则没什么差别，对六种类型都有兴趣，也都有能力做。大多数的人比较倾向于拥有其中一种到三种类型。举例来说，有些人喜欢画画、写作、帮助别人、领导年轻团体、在医院里做义工的工作。他们也许不喜欢和机器为伍，不喜欢坐办公室，也不喜欢科学和商业。这类型的人很容易被区别出来，因为他们的兴趣（社交型和艺术型）明显不同于他们排斥的类型（研究型、现实型、常规型、企业型）。有些人对所有活动都有兴趣，也都做得很好。在霍兰德的理论系统之上，这些人是没有什么差异性的。将最高得分类型减去最低得分类型，其结果就是霍兰德所谓的差异性得分。任何量表只要有这六种类型的测验分数，就可以用来找出其差异性得分。得分越高，表示其差异性越明显；得分越低，则表示其差异性越模糊不清。

就像人们会因差异性的不同而有所差异一样，工作领域也是如此。有些工作领域可以允许更多的自由空间，让从业者进入其他霍兰德的工作领域中。举例来说，生产线的领域通常只能让个人从事现实型的工作，这是一个差异性很大的工作环境。在大学教书的教授就比较有机会从事自己的研究工作（研究型），又能教育学生，帮助他们选择课程（社会型），同时还能在企业里担任顾问的工作（企业型），这就是一个不太有差异性的工作环境。有时候，有些工作领域变化范围很大，以至于有些人一开始发现自己的人格类型和该工作领域并不兼容，最后却能在其中找出一条彼此兼容的路。举例来说，某个医生的人格类型分明是企业型，而非研究型（医生的显著类型），也许会觉得医院这个环境非常多样化，因为他可以从事医院行政工作，也可以从事基金筹募的工作，如此一来，就很符合他的企业型需求了。再举另外一个例子来说，在办公室里工作的秘书，若需要做一些打字、归档和接待的工作，会发现自己的工作同时符合常规型和社交型两种需求。但对一名整日埋首在打字中的秘书来说，就只有常规型的需求了。因此，工作领域之间的不同就在于它们的差异程度上。

咨询方面的启示。人格类型没有差异性的人，在面对生涯抉择的问题时遇到的困难较多，因此，可能会寻求咨询协助。咨询的其中一个目标就是要帮助学生针对六种类型，注意厘清其中的兴趣、能力和价值观，并找出其间的差异。有些学生想要找出自己的新生涯目标，却发现他们对很多领域都感兴趣，也很有能力（无差异性）。这时，教师就应该更深入地和学生探讨他们的兴趣、价值观和经验等，以便为学生清楚界定这六种类型的不同之处。也有些学生对所有的事物都不太感兴趣，自忖自己的能力不足，这类学生可能需要谈谈有关沮丧或缺乏自尊的议题。类型说是一种参考的架构，可用来探究学生可能还未察觉到的自我兴趣范围。和学生讨论他过去的经验，包括爱好、兼职、课外活动和休闲时间等，可以让教师根据霍兰德的六种类型说，更加了解学生的一切。有时候，若是学生没有提供更多的工作经验（不管是兼职、义工或全职工作），教师就很难为学生判断他的差异性在哪里。因此，对差异性的寻求了解，是为学生找到兼容职业的手段。

差异性的例子。学生张盟是一名年轻的技术工人，当年他在高考前离开了学校。三年来，他在一家汽车装配厂工作。张盟曾在当地学校所提供的指导计划中，接受过自我导向调查（Self-Directed Search，SDS）的测验。他在SDS中的最高得分是E（企业型），比第二高分R（现实型）和I（研究型）要高出许多。教师利用这个测验结果，再加上张盟所谈到的一些生涯相关经验，协助他进行生涯选择。

张盟：当我还在学校的时候，没有什么东西能引起我的兴趣。现在我有一份工作，却觉得越来越无聊了。现在，装配厂中的工作我几乎都做过了，对我来说，再也没有什么挑战性，事情永远都是千篇一律。

教师：听起来，装配厂的工作真的很让你困扰。（也许现实型的工作并不适合学生，张盟的R兴趣是否符合他的自我导向调查得分呢？）

张盟：对啊！还有很多事情是我很喜欢做的。

教师：你可不可以说说看？（根据霍兰德的六种人格类型说，需要有更多学生的人格资讯，才能和自我导向调查的分数比对。）

张盟：周末的时候，我和我的朋友推销二手车，很有趣，我赚了不少钱。

教师：听起来很不错，我想再多知道一点。

张盟：我们从别人那里收购旧车，这些旧车都是车主打算报废的。我们把车子的毛病修一修，再重新上漆，然后登报求售。

教师：你在这个工作中，大多是做哪些部分？（现在听起来有两种可能，就修车来说，是现实型的兴趣；就卖车来说，则是企业型的兴趣。教师修正了自己原来推断的学生没有操作型兴趣的可能。）

张盟：我只能帮朋友做一点简单的事，帮他把引擎拆下来，可是我一个人就做不到。但是等到有人上门买车的时候，就由我来推销。对我来说，把我们做的东西处理好，再转手卖出去，实在是一种挑战。我觉得就好像是我们这里有一个好货，想要分享让别人知道一样。

教师：推销对你来说很新奇吗？（教师选择追踪企业型，并想多了解一点，因为张盟的企业型的自我导向调查结果得分最高。）

张盟：不会的！我以前也做过推销。当我还在高中就读的时候，曾为一家轮胎行卖卡车轮胎和汽车轮胎。我比较有兴趣的是为客户选轮胎，让他们买一组好的轮胎。我可以从我的业绩里抽取佣金，虽然数目不大，可是我很喜欢。

教师：听起来你好像可以从这份工作中得到很多。（教师继续区隔现实型和企业型这两种兴趣，并探究自我导向中R和E两者不同分数的差异性究竟是什么。以上教师的内容重述是为了问出更多的差异性。）

（3）并存性。并存性指的是类型间的相似性与不相似性。不管是人格或工作领域，有些类型和某些类型就有很多共通点，但和其他类型则不太有共通点。如图3-5的六边形模型所示，社会型和艺术型类似（位置很接近），而社会型和现实型非常不同，企业型和研究型非常不同。图上的类型位置越接近，它们之间的并存性就越大。比如，社会型的人往往喜欢帮助别人，注重团体合作及与人之间的互动；现实型的人则不喜欢与人一起共事，他们喜欢和机器为伍，接受技术上的挑战。社会型的人对机器可能颇为反感，或者换个角度说，和现实型的人比起来，社会型的人和艺术型与企业型的人比较有共通点。同样地，和社会型的人比起来，现实型的人和研究型与事务型的人比较有共通点。

并存性也可以运用在工作领域上。有些工作领域所需的技能与兴趣是完全无法并存的，其中一个例子是运动教练（SRE）。社会型和现实型的工作领域本来是无法并行的，可是运动教练必须帮助受伤的运动员，因为后者正同时承受着情绪和生理上的压力，教练必须使用多种复杂精密的医学设备来治愈运动伤害。这种代码无并存性的职业为数甚少。例如，没有一个职业的代码会是CA。创意和艺术（A）与数字能力（C）是风马牛不相及的。无并存性（inconsistent）这个专有名词，若是运用在工作领域上，意味着学生所具备的兴趣与能力类型是该工作所不需要的。个人的人格类型若无并存性，则可能会发现自己的特殊之处。举例来说,有 CA 人格类型的人,也许可以为交响乐团组织一个音乐图书馆。

并存性是一个比较微妙的概念。并存性的缺乏并不表示一个人的职业选择少了很多。举例来说,拥有无并存性类型(SIC)的人和拥有并存性类型(SAI)的人比起来,前者的生涯选择范围不见得少。也许将并存性运用在咨询辅导上最大的好处是可以让教师了解要找到同时能符合两种或者三种霍兰德类型中无并存性的工作领域,是一件十分困难的事。通常具备两个无并存性类型的学生可以选出一个符合人格类型的职业,但绝不可能两者兼具。比如,某个学生有强烈的艺术型和常规型的兴趣与技能,他可能会选择在白天做会计的工作,晚上则从事音乐家的工作。绝对不可能找到一种职业,能将这两个人格类型同时纳入其中。

(4)认同感。认同感指的是个人目前和未来目标的明确性和稳定性,也是指工作领域的稳定性。如果某个组织给人以认同感,则该职业或员工的人物和目标就不会有太大变动。认同感和霍兰德系统中的相关概念并不相同,因为它和霍兰德的类型说没有任何直接的关系。自我导向调查(SDS)无法测出认同感,只有"我的职业状况"(My Vocational Situation,MVS)量表才有办法测出。

"我的职业状况"量表可以测出认同感的概念,教师也可在咨询访谈中针对认同感进行评估。教师所应考虑的问题是:既然现在我们已完成了生涯咨询,这名学生是否对他的生涯计划以及可能连带发生的事情都很清楚了呢?他知道要如何去实现他的生涯计划吗?举例来说,某个人决定要以表演为生涯目标,但是他不应该只知道他对这个职业有兴趣,他还必须能够接受导演或表演教师所给予的指导,还要了解获得这份职业的风险是什么;若是没获得演出机会,替代生涯方案应该是什么;要如何才能获得演出机会。比如有一位年轻女子想要成为一名律师,理由是律师的薪水不错,而且所接的案例很有趣。就这点来看,这个女子并没有认同感。等到她获得完整的资讯,知道要如何才能成为一名律师,并了解自己是否真的喜欢律师所要求的职责时,她的认同感才算成型。

认同感是生涯咨询的一个重要目标。当兼容性的目标完成后,认同感也可能跟着完成。比如有个女人决定做一个泥瓦工人,她觉得在屋顶上铺瓦是她能胜任并喜欢的工作(人格类型和工作领域之间的兼容性),于是完成了她的认同感。就算她从一个工作地点换到另一个工作地点,她的目标依旧没变,只是加深了自己的兴趣和能力。

三、探索外部世界

随着社会科技的快速发展,我们处于一个越来越不确定的时代。互联网使我们的未来有了多种可能性,我们可以通过互联网学习,也可以用互联网提升个人品牌,一个人足不出户就可以影响到很多人。然而,多种机会必然伴随着更多的挑战,人与人之间的竞争不断加大,职业发展也随之发生变化。教师不只要帮助学生了解自己的兴趣、人格、价值观以及能力等,还要对职业以及劳动力市场有相当的认识。综览劳动力市场,其中包括各个产业和各种职业的成长趋势以及有关教育价值的资讯。而社会学和经济学领域也针对劳动力市场和某些特定职业的各种观点做了深入的研究调查。

某些日趋完善的理论模型指出,劳动力市场所呈现出来的不平等现象或各种阻碍往往会影响个人的收入和成功的可能。有些非人为因素,往往直接或间接地影响着个人最终的生涯抉择以及成功的可能。天时地利也许会带给某人一个新契机或好工作;在应聘或晋升时败给了其他候选人,可能会对某个人的主观能动性造成影响。我们需要一一检视这些因素,因为它们会影响到一个人在面对劳动力市场时的处理方法。

(一)行业与职业

想要了解中国的职业分类,应该先从行业分类入手,再细化到具体职业类别。

行业是指其按生产同类产品或具有相同工艺过程或提供同类劳动服务划分的经济活动类别,包括职业与岗位;职业是指不同行业和组织中存在的一组类似的职位,是专门的知识和技能与工作的结合。

依据中国《国民经济行业分类》(GB/T 4754—2011)可将中国行业分为20个门类(见表3-3)。

表 3-3　中国行业分类

门类代码	门类名称	门类代码	门类名称
A	农、林、牧、渔业	K	采矿业
B	制造业	L	电力、热力、燃气及水生产和供应业
C	建筑业	M	批发和零售业
D	交通运输、仓储和邮政业	N	住宿和餐饮业
E	信息传输、软件和信息技术服务业	O	金融业
F	房地产业	P	租赁和商务服务业
G	科学研究和技术服务业	Q	水利、环境和公共设施管理业
H	居民服务、修理和其他服务业	R	教育
I	卫生和社会工作	S	文化、体育和娱乐业
J	公共管理、社会保障和社会组织	T	国际组织

《中华人民共和国职业分类大典（2015版）》把职业分为8大类，75个中类，434个小类，1 481个职业，并列出了2 670个工种，标注了127个绿色职业。8个大类分别是：第一大类：党的机关、国家机关、群众团体和社会组织、企事业单位负责人；第二大类：专业技术人员；第三大类：办事人员和有关人员；第四大类：商业、服务业人员；第五大类：农、林、牧、渔业生产及辅助人员；第六大类：生产、制造及有关人员；第七大类：军人；第八大类：不便分类的其他从业人员。

在初步了解了职业分类后，结合前面的兴趣探索，我们可以从以下几个方面深入了解自己的兴趣职业的具体内涵。

1. 核心工作内容

每个职业都有核心的工作职责，职责背后对应的就是工作内容。正如"师者，所以传道受业解惑也"，教师的工作职责就是教书育人等，落实到具体的工作内容上包括备课、讲课、对学生进行指导等。

2. 素质能力与技能要求

任何一份职业，都是有能力或者技能要求的。我们以青少年心理咨询师这一职业为例，从一则招聘信息来看其技能要求。

①大学本科及以上学历，应用心理学、教育心理学、发展心理学、教育

学、心理咨询等专业为佳。有心理咨询师二级证书，有五年以上的学校老师或家教经验，有社会心理咨询机构青少年心理咨询方向实务经验者优先。②对推动中国的教育事业进步有长期的热情，工作态度认真负责，对未来的职业发展有长远的目标进取意识。做事脚踏实地，有团队奉献精神，愿意与企业共同创业和成长。③性格外向坦诚，善于沟通交流，具备很强的学习能力，有很强的进取心。

根据招聘信息要求，我们可知想要从事青少年心理咨询师需要具备的能力或技能。然后，审视自身，找到自己所具备的能力以及从事该职业所欠缺的能力和技能。

想要准确客观地了解一份职业所需的能力和技能，仅仅看一份招聘信息是远远不够的。我们应针对某一职业，多看几则招聘信息，并进行研究梳理，找到共性要求。或向从事该职业的人请教，获取信息。

3. 需要的受教育程度

不同职业对受教育程度的要求不同，此类信息对于我们选择教育机会来说至关重要。以下所述是对一些职业受教育程度的要求：①网游数据分析师：统计学、数学、社会学、市场营销学、广告学等相关专业大学本科（含）以上学历；②证券事务代表：本科及以上学历，财务、法律、工商管理、金融或相关专业；③结构设计师：硕士学历，具备工程师资质及国家注册一级结构工程师资质；④某大学专任教师：博士学历，环境科学与工程、生物工程等相关专业。

4. 职业人格特质

每个职业的从业者都具有这个职业的相应特征。如护士的特征应该是：①高度的责任心，对待患者不敷衍塞责，全力救治；②服务患者，取信于患者，言行上保持严谨性，工作有条不紊；③情绪稳定，可在复杂的情况下工作而不受影响和干扰，同时对待患者做到情感真挚；④护士执业要求重实际，要做到务实、肯干和奉献。可能许多职业都会有共通的特征要求，如责任心，这是做任何工作都需具备的。所以我们应厘清从事一份职业所需具备的人格特质，并依据重要程度加以排序。

5. 职业环境与报酬

不同行业、不同企业、不同岗位的收入空间是不同的。在网络上，我们就可以搜索到某一职业的很多官方的、非官方的薪资状况统计。最新的调查显示，当前互联网行业的薪资是普遍高于其他行业的，但仅仅如此静态横向的比较是不够的。我们还应看行业内近几年的薪资涨幅，看清这一行业的薪资发展空间。不同行业、职业的薪酬结构是不同的，甚至同一岗位在不同企业内的薪资水平又会有所差别，所以切记不要一概而论、以偏概全。

6. 职业标杆人物

职业标杆人物，即在这个领域谁做得最好，他是怎么做到的、取得了什么成绩、遇到了什么困难、具备什么素质等。研究职业标杆人物，可以了解他的奋斗轨迹，加深对职业的了解，也能够了解到一个职业的发展通路。

7. 职业的典型一天

职业的典型一天，即该职业的从业者比较典型的一天都是怎样的，从早上起床到晚上回家的时间都是怎么安排的。了解职业的典型一天，是判断自己是否适合这个职业的重要指标，因为典型的一天中，我们能够形象地看到这个职业的主要工作内容是什么，工作中会和哪些人沟通，从事这个职业后，大致的生活状态会是怎样的。如果能够亲自跟随某个职业人士一天，更会如实体验到诸如工作环境如何等更加具体的信息。

8. 入门岗位及其职业发展通路

入门岗位是指针对应届毕业生的工作岗位。职业发展通路是指这个岗位有哪些发展途径，最高岗位是什么，要经历哪些步骤的职位升迁才能到达最高岗位。以人力资源管理岗（human resources，HR）为例，刚毕业的职场新人一般的入门岗位可以为人力资源专员、HR 助理、招聘专员或实习生，统称为 HR 专员，一般 1~3 年能够晋升到 HR 主管，继续晋升便是 HR 经理，最后有些大企业可能会设有 HR 总监一职。综上，人力资源管理岗的职业发展通路一般为：HR 专员—HR 主管—HR 经理—HR 总监。

9. 职业发展前景

判断一个职业的发展前景可以依据三个问题：这个职业对国家、社会以及整个行业的影响，这个职业对人们日常生活的影响，人们对这一职业的依存程度以及社会评价。通常劳动部门对国家的职业发展会有一个权威的预测，但是一个职业对于生活、对于大众的影响，则需要我们自己留心发现。

（二）职业探索的方法

1. 问卷调查法

问卷调查法是指根据我们对于职业的了解，为某一职业的调查对象设计一套问卷，由被调查者填写后，再进行汇总，从中寻找有代表性的回答，总结职业的特点。这一方法的关键就是问卷设计。它具有费用低、速度快、调查范围广等特点。但是也有缺陷：一方面收集到的信息有限，无法了解更为详细的内容；另一方面，往往看不到被调查者背后的情感、动机或态度等情况。

2. 观察法

在不影响相关职业人员工作的情况下，通过观察，将有关工作的内容、方法、程序、设备、工作环境等信息记录下来，最后将取得的信息归纳整理。

3. 参与体验法

这个方法是指同学们可以通过实习、社会实践、课外拓展活动等方式，直接参与工作，从自身的工作体验中了解和分析职业特征，总结这一岗位的能力要求。方法比较适合于短期内可以了解和掌握的工作，对于一些专业性很强的职位，只能获得该职业的初步印象。当然，职业体验带给我们的是最直接的信息和感受。

4. 信息收集法

通过互联网、书报杂志、影视等途径收集职业信息。如中华人民共和国人力资源和社会保障部的官网、权威的招聘网站有大量的政策信息、招聘信息和各类分析报告，有助于同学们了解职业信息。

（三）生涯人物访谈

生涯人物访谈指的是通过与一定数量的职场人士（通常是自己感兴趣的职业从业者）会谈而获取关于一个行业、职业和单位"内部"信息的一种职业探索活动。为了保证访谈效果，一般要事先设计访谈提纲。由于访谈采取的是和职场人士直接交流的方式，采访者可以了解与未来工作有关的特殊问题或需要，如潜在的入职标准、核心素质要求、晋升路径、业内潜规则和工作者的内心感受等，这些信息是通过大众传媒和一般出版物得不到的。采访者还可以通过访谈，检验和印证以前通过其他渠道获得的信息。访谈法比较适合了解那些我们自己不能亲身体验或观察的工作，尤其适合脑力劳动职位，如开发人员、设计人员、高层管理人员等。值得提醒的是，访谈法容易受被访者的主观感受影响，所以建议客观看待访谈结果。

1. 生涯人物访谈的步骤

（1）通过以下途径收集生涯人物的信息和资料。家人、朋友、学生、教师等人的介绍和引荐；通过报刊、媒体取得生涯人物的联系方式，自己直接联系；通过各种组织和协会取得自己想拜访的生涯人物的联系方式和相关资料；通过网络收集，查找生涯人物的信息。

注意：正式访谈前，对生涯人物的信息掌握得越全面越好，姓名、职务和联系方式是必需的。对于可以在生涯人物的讲话、文章或者大众传媒和单位网页上获得的信息要尽可能地收集和熟悉。

（2）确定访谈目标和计划。整理所获取的生涯人物的资料，然后依据各人的具体情况（包括年龄、生活习惯、个人爱好、居住地等）选择访谈目标和安排具体的时间、地点。

（3）预约生涯人物。预约方式有电话、电子邮件、社交软件留言和普通信件等，其中电话最好。预约时首先介绍自己，然后说明找到他的途径、自己的采访目的、感兴趣的工作类型以及进行采访所需要的时间（通常20~30分钟）。如果生涯人物能和自己见面，感谢他能够接受采访并确认采访的时间和地点；如果生涯人物不能和自己见面，问他能否给出五分钟的时间进行电话采访；如果仍然不行，则表示遗憾，并请求推荐一位与他所从事工作相似的人，如果得到了被推荐人的名字，应表示感激。联系前的准备要充分，电话联系时还应备好纸和笔，以备临时电话采访。联系时一定要有礼貌，时间要短。

（4）设计访谈问题。一次访谈的问题以5~10个为宜，不宜过多；所提问题要根据自己的具体要求进行设计，以获得对自己有用的信息；设计的问题最好以封闭式为主，既节约时间，又能得到需要的答案；问题设计要尽量口语化、通俗、易懂。

（5）采访生涯人物。采访方式可以是面谈、电话访谈、QQ访谈，最好是面谈。面谈前，采访者一般可以用已经从其他渠道了解的生涯人物的好消息轻松打开话题。然后可以按设计好的问题开始访谈了。遇到生涯人物谈兴正浓时，采访者要乐于倾听，给生涯人物留出提供其他信息的机会。在访谈结束时，请生涯人物再给自己推荐其他相关的生涯人物。这样就可以以滚雪球的方式拓展自己的职业认知领域。

需注意以下几点：采访前为自己准备一个"30秒的广告"，因为在访谈过程中，生涯人物可能会问采访者的职业兴趣和求职意向；面谈前，应征求生涯人物的意见，视情况对谈话进行录音或书面记录，或不记录；面谈一定要守时、简洁，不浪费他人时间；访谈结束后，对于不允许访谈现场记录的内容应迅速补记；采访结束后一天之内，要通过合适的方式表示感谢。

（6）撰写访谈报告。访谈后应快速整理访谈记录，总结心得体会，写访谈报告。

2. 生涯访谈的常见问题

（1）您每天具体做哪些工作？请您描述一下您典型的一天。

（2）您的工作什么地方最让您满意，为什么？

（3）您的工作什么地方最让您不满意，为什么？

（4）为什么您选择这个领域？

（5）为进入这个领域您经历了哪些阶段？

（6）您工作的领域内区分成功者和不成功者最重要的素质是什么？还有什么？

（7）您会为将要从事相关工作的人推荐什么培训或者经验？

（8）对于初入行者来说，做什么职位最能学到东西？

（9）您的工作领域有没有可能扩展和/或发展到新的领域？请作出解释。

（10）如果时光可以倒流，您觉得在您的高中阶段还可以为现在的职场生涯做哪些准备？

（11）您可以对我们这些高中生提些建议吗？

（12）如果我想获得有关您工作领域的更多的信息，您推荐什么途径？比如有没有一些专业机构或者行业协会可以探访？有没有一些行业网站可以关注？有没有一些重要的国内外高校及其专业可以了解？

3．生涯访谈的学习单

请在你感兴趣的领域中寻找一位职业标杆人物进行访谈，根据访谈内容填写以下表格（见表3-4）。

表3-4 生涯人物访谈记录表

受访者的基本信息	姓名： 性别： 年龄： 学历： 职位： 工作单位：
受访者的回答	
访谈后的感受	

（四）社会与经济学视角

心理学主要针对的是个人行为的研究，而社会学和经济学则是强调对社会性组织的研究。本书从造化育人的角度，主要谈个人如何通过自我探索和外部探索，做出生涯抉择和对生涯进行调适。但社会学家和经济学家却从另一个完全不同的角度切入生涯抉择的主题中。

社会学家研究的是人类社会的发展、组织和运作，经济学家则是研究商品或服务的生产、配销和消费。更精确地说，社会学家研究的是能预估各种家庭、文化、其他社会因素以及一些其他变数，例如，失业问题和产业的薪资分配问题等。除此之外，他们也研究上百种合法或非法职业的习俗、互动和专业发展形态。而经济学家所调查的则包括事业问题、产业薪资结构问题、工作头衔、性别以及种族等因素，这些因素都和个人的生涯发展有直接的关系。对社会学家和经济学家来说，只有在试着预估劳动力市场或工作行为的时候，他们才会考虑到个人的能力、兴趣、价值观以及生涯抉择等其他变数。总之，社会学家和经济学家的视角主要是在社会组织上，而教师的视角主要是在个人的教育指导上。因此，教师通常不会直接运用社会学和经济学的理论。但是，对社会学和经济学的观点进行归整和阐述，可以从全新的角度来帮助教师了解工作者和职场。这对于那些直接从师范院校进入学校任职的教师来说，是非常重要的知识与能力的补充。

一般来说，心理学家研究的是一般人如何经由工作的选择与调试塑造及改变环境，而社会学家和经济学家则对工作环境改变个人的方法提出建议。这两种不同的参考架构为我们提供了全新的观察角度。

许多有关生涯发展的心理学理论都不把偶发性的机会遭遇当作一个重要的因素，他们比较强调的是个人在进行教育和制约选择上的自我控制力量，社会学家凯普劳（Caplow，1954）却一直很重视会影响生涯抉择的个人以外的因素。在偶发性理论的研究中，心理学家班杜拉（Bandura，1982）曾将偶发性的机会遭遇并入社会学习理论中。虽然机会遭遇无法预测，班杜拉却相信，它对个人的影响程度是可以预估出来的。此外，机会遭遇在一般人的人生决定上往往扮演了极具关键性的角色。婚姻伴侣的相遇通常是无法预先规划的，他们的相识多是在偶发的情况下发生：舞会中、超级市场里或是课堂上。这类相识过程对个人的一生往往有重大的影响。另外，个人也可能会遭遇某个具有启发性的教师；或是在暑期打工时，接受某个有趣的任务等，这些遭遇都可能影响个人未来的方向。一般人究竟如何处理这类事件，取决于其自我效能感、自我能力的具备及任务进行技巧等（班杜拉，1982）。在

这里,个人的反应方式往往取决于他们从过去的模范角色和增强行动中所得到的学习经验(班杜拉,1977)。从另一个角度来看,强烈的自我概念和内在控制力可帮助个人成功地处理一些机会事件。虽然机会遭遇无法预测,可是处理机会遭遇的方法往往和以前的经验有关,并且可以预测。而有关工作机会的问题则常常被人拿来研究,因为它和青少年以及成年人都有绝大关系。

有关青少年的研究,大部分都着重在高中毕业生所从事的工作类型上。而他们的工作一般是快餐店员、加油站服务员、快递员、零售店员、保育员、园丁等。这类就业机会往往很多,对于成人的就业人口而言,成长最快的都是一些非技术性的工种。尽管高级工程技术和迷人炫目的工作可能会吸引青少年的注意,但在现实生活中,低层次的服务性工作却主宰了大部分的就业机会。高中时期就有一些打工经验,可能会给青少年带来一些思考。

四、教练式指导技术

随着学习与未来生涯成长的压力增大,个别学生的心理问题层出不穷,而校内外各种辅导力量又不够成熟完善,传统教师尤其是班主任面临巨大挑战。教练式指导技术迎合了时代的需要,具备解决及有效预防学生心理问题的能力与条件,通过对教练技术以及心理咨询技巧的运用,教练型成长导师形成了独特的生涯发展场域的心理援助模式。

近年来,随着知识经济的到来,人们的学习、生活节奏加快,加之数字时代海量信息的冲击、人口爆炸带来的就业压力,以及对个人学业发展的担忧等一系列因素,学生的心理问题凸显,有可能严重影响学校的稳定发展。关注学生心理健康,无疑对教育精英者提出了新的挑战。21世纪是心理导向的世纪,是注重人性化指导的时代。教练型成长导师在使用教练技术,并借鉴心理咨询技术的基础上进行指导,符合当今学校的实际需要,也顺应了时代的发展趋势。

(一)学生心理问题与教练式指导技术

当前,学生心理问题表现为各种各样的现象及症状,如情绪上的抑郁、焦虑、沮丧、烦躁、悲观、神经质、挫折感、不安全感、人际交往障碍等,以及身体上的偏头痛、食欲下降、背部痉挛、免疫系统紊乱,乃至暴饮暴食、沉溺网络和电子游戏、攻击行为、自杀倾向等行为上的扭曲。概括而言,学生心理问题的成因有四个方面:学业压力过大、人际关系紧张、突发事件的心理冲击、生涯发展的心理危机等。这些心理问题的大量出现，必然会给学校造成一系列的负面影响。正如联合国专家的断言，"从现在到21世纪中叶，没有任何一种灾难能像心理危机那样带给人们持续而深刻的痛苦"。

对当今的成长导师来说，做好学生的心理辅导是一项崭新而又艰巨的任务，而新兴的教练式指导技术正好迎合了这一时代需要。教练型成长导师不仅能通过各种有效的方法，在一定程度上解决学生心理问题，而且能够以一种高屋建瓴的姿态从事指导学习，通过沟通准确把握学生的个性特点和动机需求，在学校中营造良好的心理氛围，创建优良的学校文化，从而预防学生心理问题的出现。

教练技术是教练用于协助他人的一系列策略工具和方法，其核心是"镜子原理"，即像镜子一样让学生看到自己对学习和生活的态度，以及它们导致了怎样的结果、它们对完成自己的目标是否有效等。教练型成长导师是把教练技术应用到指导中的新型成长导师。与传统型的德育教师相比，教练型成长导师具有以下特点：更多地了解学生和自己；更倾向于引发、支持、鼓励，而非传统的指挥命令控制；更关注人而非事；更倾向于让对方发现答案，不把自己看成无所不知者或专家；提出许多问题去增强学生的自我意识和责任感；将注意力集中在长期行为变化上等。总之，体现出更多的"以人为本"的指导理念。

教练应掌握六大基本功：倾听、区分、表达、发问、回应及与对话能力有关的自我完善能力。倾听不仅意味着听到学生的话，而且是有方向、能理解地听，以表达出对学生的关注和尊重；区分，并非分别事情的对错和好坏，而是透过现象看本质，尤其要在信念层面帮助学生进行区分，使其增进自我认知和开拓信念范围；表达，即把自我感受客观地告诉对方，由对方决定如何做；发问时，认真构思并提出入木三分的问题，以便更有方向和效果地区分；回应，即时给出学生当下的真实状态；与对话能力有关的自我完善能力则是通过把握自我个性特征及能力，实施自我监控，不断调整、完善自我。

教练式指导技术的核心，一是强调对人的了解和心理活动规律的把握，二是强调个性化关怀。教练的本质在于激励，共分三个层次：第一层为单一激励，即使用物质、精神、奖励、惩罚等某一种激励方法；第二层为全面激励，即针对外界环境的变化营造激励氛围，满足学生综合的心理诉求；第三层是通过创建文化转变学生的价值观，并予以适时适度的激励。

（二）教练型成长导师如何实施心理咨询

教练技术在一定程度上包含对心理咨询技术的应用。尤其在当今心理咨询与治疗短程化的发展趋势下，教练型成长导师可借鉴该技术。第一，在调动求助者内在积极因素的技能与策略中，突出鼓励、释义和总结的积极倾听技巧；把积极关注作为沟通的基础；强调开放式沟通的询问技术；掌握非言语行为；发现求助者的亮点并给予鼓励。第二，在启发求助者独立思考的技能与策略上，强调对内容反应技术、情感反应技术以及面质技术的应用。第三，在运用干预技术的技能与策略中，强调内容表达技术、情感表达技术以及自我开放技术等，帮助求助者领悟问题的实质。教练型成长导师能够把这些心理咨询技术成功地应用于指导实践。教练是一种对话，其包含的四大技巧——倾听、表达、发问和回应，正是对心理咨询技术的具体运用。

教练型成长导师可以通过以下具体步骤，对学生进行心理援助。

1. 建立关系，构建信任

教练型成长导师应当在彼此接纳和融入的基础上，与被指导的学生建立一种教练与队员的伙伴辅导关系。首先，教练型成长导师要像教练一样在指导关系建立前做一个宣读，其主要内容包括定位教练的引导作用、确保双方目标上的一致性、明确双方活动的范围和方向以及通过此次指导关系，学生会得到的机会和效果等。其次，教练型成长导师要注重良好咨询关系的条件，即共感、关注、尊重和真诚等，它们是形成良好关系的保证。教练式成长导师正确客观的自我评价可以获得对方的信任和好感，一个会心的微笑、一个恰当的手势、一个幽默的表情都会引起对方接纳和肯定，促成积极的心理气氛。当然良好关系的形成不可能缺少学生（当事人）的互动和支持，不能忽视他们的动机和需求。此外，双方角色和职责的界定也是咨询关系进一步健康发展的重要因素。

2. 有效沟通，探明根源

人的因素是所有指导活动中最实质性的要素，所以增进对人的了解是教练式指导技术的首要任务。教练型成长导师需要查阅和调查学生以往的个人资料，并利用各种机会争取与每一个学生进行面对面的访谈和辅导。在调查和访谈中，教练型成长导师要从心理咨询的角度理解学生过去的生活经验，因为学生以往的特殊经历可能是解决其心理和生活困惑的切入点。同时，通过沟通和调查，熟悉求助学生的个性特征和动机需求，从而进行个性化的辅导。在进行个别访谈时，教练型成长导师要认真倾听并对关键部分提问和分析；还可以通过开放式的咨询启发学生，并尝试转变其认识误区，运用一些干预技术提高学生的领悟能力。如此反复,每个学生都会有被关注和重视的体验,他们就可能积极解决问题,同时全新理解个人生活的目标和意义。

3. 关怀体贴,情感交融

教练型成长导师要在日常学习中给予学生尽可能多的关怀和理解,不仅要关注其生活状况,还要尽可能地协助学生解决生活中的关键问题,在组织中营造出一种互相关爱、和谐融洽心理氛围,以助于防范心理问题的频繁出现,把校园压力、激烈竞争等心理影响最小化。针对学生的生活问题(家庭、人际和焦虑等),教练型成长导师可以尝试运用带有问题指向的焦点式咨询,整合优势资源集中解决当前最需要解决的问题。同时,要为学生的发展铺平道路,合理配置资源,满足学生的心理需要,把自己和学生融为一体。

4. 化解矛盾,不断总结

学生生活在组织环境中,必然会面临许多内部矛盾和外部矛盾,教练型成长导师要及时发现并分析根源,及时回应学生的困惑,化解其内在的失调;认真倾听学生的陈述,转变其消极心态;积极关注学生的表情、语气、语调和身体姿态等的改变并做记录,以便能够有针对性地提问。结合指导技术和心理咨询技术,教练型成长导师能够更快地分析和诊断求助学生的适应问题,确定问题的性质、程度以及类型;明确学生的心理问题是源于人际关系、外部压力还是潜在的自身问题,以及问题的轻重程度,从而制订有针对性的协助方案。此外,指导人员还应为学生制订心理咨询记录表,总结每次谈论问题的关键点。总之,教练型成长导师要达到助人自助的效果。

5. 恰当反馈,跟进谈话

有效的心理咨询需要辅导者和来访者双方持续的反馈,反馈就是一个经验分享的过程,有助于巩固咨询效果。教练型成长导师和接受援助的学生也要有一个经验分享的过程,需要多次反馈,以保持援助效果。良好反馈的原则有:第一,计划性,即定期和持续的反馈,这需要对辅导效果有一个强化和巩固的过程;第二,激励性和赞许性,即对学生的表现给予不断的激励和支持,积极挖掘学生的潜能并提高其客观分析问题的能力;第三,学生过度反馈时,教练型成长导师要具备冷静和控制的能力;第四,教练型成长导师提供具体改进的能力;第五,彼此坦诚。

在进行反馈的同时,教练型成长导师要对学生进行适时的跟踪访谈,因为这也是咨询效果巩固和迁移的重要方面。跟踪访谈的时间一般要控制在数月至一年之间,既不能太长(无法了解情况),也不能太短(调查效果的真实性难以保证)。一般跟踪的途径包括三个方面:第一,安排学生定期参加

面谈，进一步获得咨询的效果；第二，要求学生如实填写跟踪调查表，把自己接受咨询后的感受和效果如实填写下来，以便掌握学生的近况；第三，访问与学生关系密切的其他人包括同学、家人和朋友，这样可以了解学生的适应情况。

　　最后还需注意持续跟进。只有如此，才能保证当事人从行动中不断学习、改进、反馈、再行动、再学习、再反馈、再跟进，如此周而复始，持续进行，才会达到持久深入地改善学生学业表现、提升学生身心素质、提升学校整体表现的目标。

第四章
幸福花开：学生发展指导经典案例

案例一 绽放幸福花朵的种子（见图4-1）

这是高三考前停课复习的第一天。不少学生报名进行心理咨询。

清早，推开咨询室的门，就看见有一位女同学窝在沙发上。她脸色苍白，无力地合着双眼。这不是雨琦吗？三年前的情景仿佛就在眼前：一个春风满面的小姑娘，留着齐耳短发，一双大眼睛炯炯有神，毫不扭捏。她开门见山地对我说："老师，我要求补报心理学选修课。"从此，我和她熟络起来。

图4-1 梦圆华附（作者：欧阳慧、江心娱）

"嗨，雨琦，你今天怎么啦，哪儿不舒服？"我俯下身，轻轻问道。

"老师，我最近很不好！"她睁开了布满血丝的眼睛。

"哦，困了就睡一会儿。怎么舒服怎么做。"最近不少学生都说睡眠不好，实在太累了。

她向我投来一个礼貌的微笑，调整了一下坐姿。"还是老师最懂我。"雨琦伸出了右手，"你看，我弄伤了手指，而且是写字的食指，真倒霉！"

不容我回应，她接着诉苦："我高考准考证上的座位号也不好，是6号，估计靠着后门。考场是靠近楼梯的课室……说不定哪一天空调水会滴到我头上，监考老师可能坐在我后面。反正我不喜欢那个位置，我想坐在朝阳的窗户旁，说不定还能看见风景，写作文时会很有灵感。"

我插不上话,就让她说个痛快吧!

"第二个烦恼是心理状况。本来和班主任聊过天之后,觉得自己比其他同学好一些。可是,最近忽然接到外婆一个电话,爷爷也打了一个电话给我。我就莫名其妙地紧张起来。亲戚的关注让我很不舒服,他们好像对我期望很大,给我的压力忽然变得好重。我更加没有信心,而且有点沮丧。前些日子我知道高中时考入执信中学、广雅中学的初中同学这几次模拟考试的成绩都比我好。老师,我真的好怕输给他们。"

毕竟选修过心理学,雨琦可以自己归纳出来。

我倒了一杯水,叫她先歇歇。

"你刚才过来的时候,外面正好下雨,你淋着了吗?"我借机话锋一转。

"唔,我没带伞。不过没关系。"

我看她轻松了不少,接着说:"雨琦,我认为你的心态很棒,心理素质也好,是既能和老师谈得来,又能让老师放心的学生。"

听了好话,雨琦心里美滋滋的,脸上泛出了浅浅的红晕。

我说:"有时我有一点点感觉,在你心底隐藏着一些很重要的东西。你内心深处很在乎自己能否成功,期待得到好成绩,因此临近高考,这种'上进心'就以其特有的方式宣告它的存在。比如家人的电话、模拟考试的成绩、考场座位的编排,甚至不小心弄伤的手指……这些都让你觉得不舒服。"

雨琦点点头表示听懂了一点。

"那么,你不想要这种'不舒服',想过来找老师问问有什么办法。是吗?"

她点点头。

接下来,我给她画了一张图(见图4-2)。

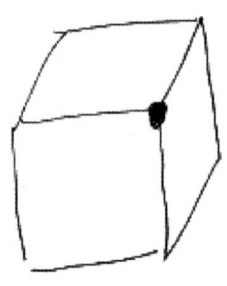

图4-2 立方体

"有一位心理学家举了一个例子:假设这里有一个立方体。你看看,这个位于立方体顶端的点是凸还是凹呢?"

雨琦立即回答："我觉得是凸起的。"

我开始在立方体内部加上虚线。"再看一会儿，雨琦。有什么新的感觉吗？"

雨琦："我觉得有时是凸起的，有时又变得凹下去了……"

"能想象得到吗？不同的视角看同一个物体，会有不同的结果。这位心理学家想说的道理，在我们中国人的古语里早就有了，那就是'横看成岭侧成峰'。"

雨琦似乎听明白了。

我继续说："来自家人的电话，你可以看成来自家庭的关心，这样就会有信心。如果看成来自家庭的压力，那么感觉会完全不一样。我觉得，在你身上有很多优点：开朗乐观、积极上进，当遇到困难时，就能够帮助你处理好压力，转化为信心。如果能成功地处理这个过程，这就叫'有定力'。"

雨琦马上说："老师说到'定力'，我觉得自己有一点不好的地方就是很难转换，自己调节不了自己。"

图4-3　阴影派和光明派

我提起笔，边画图（见图4-3）边对她说：

"这边叫作阴影派，那边叫作光明派。我喜欢你刚才形容理想考场时的观点，你喜欢比较亮的地方。我相信你绝对更喜欢自己光明的一面。那么怎样得到它呢？说起来简单，做起来要有技巧。有一种能力，叫'自由选择的能力'，也就是既能自由地选择需要注意的焦点，也能避开不需要注意的部分。这种能力可以通过训练获得。

比如，你在跟我聊天的时候，外面打雷下雨，你不知道什么时候雨停。因为你的注意力始终放在我们之间的谈话上，而非雨停没停这件事上。这就

是自由选择。只不过，你刚才并没有意识到这一点。"

雨琦说："我明白，我觉得自己选择对了。专心与老师交谈，没有分心。"

我接着说："人类的大脑每时每刻都在选择它想关注的点。当聚焦在某个点时，它周围的东西就模糊了。"

雨琦又点点头。

"刚才你给我分析考场环境，包括光线、湿度、滴水、监考老师等可能存在的问题，这些是一个人无意识之中比较担心的考场常见的负面事件，也就是'阴影派'事件。有一个观念在脑海里出现——'这是高考，很重要，一定不能出一点岔子'。"

雨琦插了一句："嗯！一切都要在最好的状态！"

我问她："那么，你想要的高考目标是什么呢？"

雨琦说："当然要取得好成绩。"

我接着说："所以，你回去第一步就是问清楚自己：'内心真正想要的是什么？'你一直以来给我的感觉就是真实，你的心理素质其实很棒。所以，你会很清楚，在考场上，与'阴影派'事件相对的'光明派'包括哪些。"

雨琦思考了一会儿，说："老师，我明白你说的了。查看考场时，接到亲人电话时，睡觉前听到噪声时，多留心积极的一面，少操心消极的一面即可。可是，我觉得自己犯困的时候，没有清醒的时候做得好。这又是为什么呢？"

我说："这是我今天要跟你讲的第二件事。自由选择的能力，需要良好的精神状态作为前提。所以，你的确需要注意调整好睡眠。保持大脑健康，需要劳逸的结合、充足的营养、健康的心理。我想后面两样你做得很好，第一个……"

雨琦连忙说："第一个我也做到了，我每天睡觉时间还是足够的。"

我笑了笑，接着说："劳逸结合不光是指睡觉，还有休闲，尤其是心情愉悦的有氧运动。有氧运动有利于大脑良好精神状态的化学物质的分泌。心情愉悦主要靠正确的健康观和积极的心理暗示。面对高考，一个人没有把握是很正常的。关键是淡定自若，努力往前冲。老师相信你能做到！"

雨琦喃喃地说："嗯，大概是这样。"

我说："你应该在日常用语中，多用肯定句、褒义词。无论在考试前或是考场上，以你的阳光天性，把'阴影派'挤得站不住脚。"

雨琦越听越高兴："是啊，我的确应该积极一点。"

我说："正如心理学家弗洛伊德所说：负面的能量需要合理地发泄。唱歌、运动、找人聊天等休闲活动都是好办法。这样你就会更有精神，更加敏锐。"

雨琦快乐地哼着歌，离开了咨询室。

咨询手记：阳光人生——绽放幸福新天地

这次咨询，我第一次受到雨琦的诚意邀请，进入了她的内心世界——开朗乐观的外表下，还住着另一个细腻敏感的她。这是多么有意思的问题！

师者，除了传道授业，还要能解惑。解惑之前要先知道，每个看起来差不多的学生，都可能拥有不同的内心世界。教师要常常秉持体察入微的态度，细心地与学生的内在世界共振同频。

对待噪声过分敏感、难以面对家人期盼的压力，甚至手指受伤的不安这些现象，都是心底那个"她"在闹脾气罢了。

我送给雨琦三颗小种子：①换个角度看问题；②多关注积极的事情；③常进行心理暗示的训练。

这是三颗幸福的种子，将会在雨琦的内心世界长成参天大树，绽放幸福的花朵。

案例二　接受不完美的勇气　（见图4-4）

还有三天就要高考，天气有点儿闷热。

当天下午，高三文科班住校女生晓晴匆匆来到心理咨询室。手里攥着写满字的小本子。

"老师，我快扛不住啦！"

晓晴是优秀学生。没有人会催促她抓紧学习，因为她自己就抓得够紧的。她还喜欢参加集体活动，与同学关系十分融洽，是一个学习优秀、全面发展的阳光女孩。对她而言，人生好像只有"成功"二字，失败是不可能的。

"晓晴，你今天过来有哪些事情想跟我谈呀？"看着她干裂的嘴唇，我让她先喝杯水。

图4-4　捕梦网
（作者：钟莹莹）

晓晴说："老师，马上就要高考了，我最近总是睡不好。从星期二开始，快睡着的时候，突然在脑海中闪现出几道题，是那种很多文字的题。然后就开始紧张起来，整个人都很燥热。以前睡完午觉很开心，可是现在只能很浅地睡一下。每天我都会抗拒学习。"

她调整了一下坐姿,继续说道:"虽然不会觉得累,但自己还是觉得背和腰都很酸。有些同学会去补课,尽管他们成绩没有我好,但我还是会有点害怕。"

她喝了一口水,接着说:"我还是觉得自己的情绪很难去调整。爸爸妈妈之前来看我,我向爸爸妈妈撒娇,就哭了。其实也没有什么事,就是看见他们想发泄一下。"晓晴显得有点儿不好意思。

我说:"这很正常。"

晓晴说:"我最怕老师强调临近高考了,大家的知识都准备得差不多,考的就是心态。我也觉得自己的心态要调整,看了很多讲心理治疗的报纸。我知道紧张和焦虑不好,但又不能太兴奋。现在睡眠质量也不好。昨天晚上我本来已经睡着了,突然有个同学上洗手间,我就被吵醒了。有点烦躁,就睡不着了。老师,你说我这是怎么了?"

我觉得与晓晴谈话很省心,她会观察自己,表达能力也比较强。

我因势利导,表扬她的观察力强,问道:"你既然已经将自己的表现说得这么清楚,那么,能不能把握这些现象,发现其有益的一面?比如,爸爸妈妈来了,你想撒娇,就哭了。比如被同学吵醒了,你就烦躁起来。其实这些状态都是在帮助你呢……"我接着说,"这可不是每个同龄人都有的能力,这是你人生的财富。"

晓晴听了,露出笑脸,站起来走了几步,又端端正正地坐回沙发上。"老师,你说的有道理,但我还不是全明白。"

我说:"随着高考临近,你的状态和以前不一样了。你应该承认高考是客观存在的,谁也改变不了。而你又很想考出好成绩,所以紧张焦虑的情绪油然而生,这也是避免不了的状态。对吧?晓晴,你认为应该如何才能使客观存在与自己的主观状态和平共处呢?"

晓晴眨着布满血丝的大眼睛,有点不知所措,端坐在沙发上一动不动。

我说:"就像现在,你坐在沙发上,沙发承受着你的体重,这是一种向下的重力。你能不能在不挪开身体且不借助外力的作用下,自己将沙发移开?"

晓晴无力地摇摇头。

我说:"是呀!沙发受的是你自己向下的压力,你又怎么能移走它呢?同理,高考的压力源自你自己的上进心,你又怎么能消除它呢?"

晓晴想了想,眼睛里忽然掠过一丝明快,"老师,你打的比方很巧妙,我好像明白了。不过,老师,这好像是一道无解的题。因为我一定要考出好成绩!"

这真是一个倔强的阳光女孩，她不能接受不完美的成绩。

我告诉她："你一定要有一种接受不完美的勇气，必须承认压力客观存在的合理性，同时又能在压力当中稳住自己的阵脚。这就要发挥自己的力量，打好心理这张牌。"

我鼓励着这个犟姑娘："刚才你说父母来看你时，你哭了，哭过之后呢？"

她爽快地答道："该干吗干吗呗！"

我说："你真棒！这就是'发挥了自己的力量'啊！"

晓晴眼里又掠过明快的光，"所以，撒娇是有用的。因为我知道在父母面前撒撒娇是被允许的，所以我自己也能接受，于是撒娇和哭就不会对我的心理造成伤害，反而能够更有效地帮我减压。"这真是一个聪明的好姑娘，一点就明。

"可是老师，我的舍友说我紧张过头了。我最害怕自己粗心，考不好……"

我让她喝点水，问她："晓晴，你可不可以将'紧张'这个词换成'兴奋'呢？你是不是觉得高考快到了，难免有点'兴奋'呀？"

晓晴说："是的，一想起高考，我现在都觉得心跳加快！"她又拍拍自己的胸口。

"对，用'兴奋'这个相对褒义的词去代替比较贬义的'压力'更恰当。"

我们聊起小时候的事。"每次学校组织去春游，我们在前一夜都不容易睡着。人是有思维能力的，想一想就会兴奋起来。这就是一种生物电，很正常的。"

晓晴话锋一转："老师，有时候兴奋到睡不着，是没什么关系，可现在不一样，我怕睡不着会影响考试成绩呀！有些同学说睡不着就想象自己躺在一条船上，漂呀漂。可我就是不行，躺在那里会想着明天的考试。"

我安慰她："适合别人的办法不一定适合你，对你而言，最简单的就是最好的。"

晓晴问："什么是最简单的？"

我告诉她："对你而言，所有的方法都可以简单化。你的想象能力和逻辑思维能力可以让你将兴奋和紧张保持平衡。没有什么紧张是绝对糟糕的事，比如明天就要高考，放在你面前的是你已经做过一次又一次的卷子，你把它做到极致、做到精彩就够了。今晚你睡觉前会有点兴奋，但还是很开心的，对吗？"

晓晴听着，咧开嘴笑起来了。

我又说："你其实很聪明，有很强的观察力，当你遇到状况时，一定会运用自己的积极思维和灵活的头脑去调节自己的情绪。我将这个过程比作一条金光灿灿的时光隧道，一直往前冲。"我边说边画了一张图（见图4-5）。

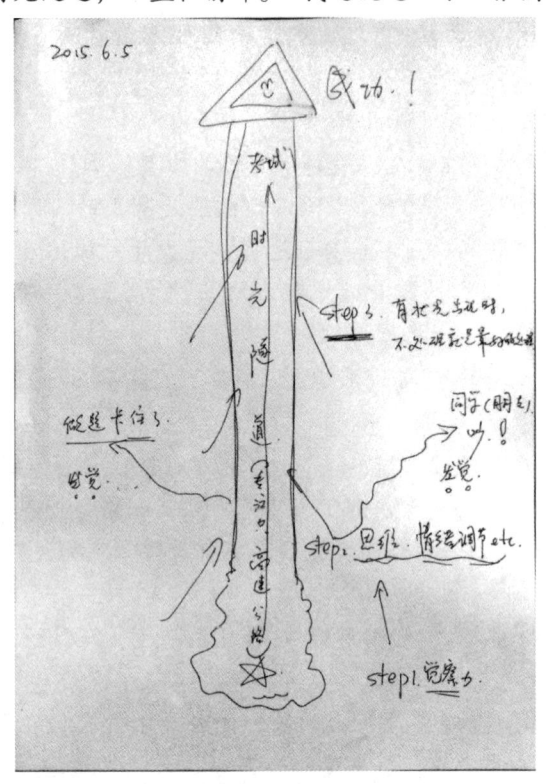

图4-5 时光隧道

"这是考试，同时，这个力量在处理其他的事情的时候会跑偏。比如，晚上睡不着，或者做题时思维出现卡壳，怎么办？第一步当然是发现它的存在，因为你有很敏锐的觉察力。你可以想象自己睡在一艘船上，你可以暂时放下不会做的题目。就像进入这条时光隧道。在这条高速路上，你绝对可以发挥自己的观察力，专注地调整情绪，积极思维，完全可以处理好那些状况，不至于在高速公路上误入岔道。你能做到吗？"

她立即回答："能，我这个人就是很敏感。"

我说："是呀，敏感不是坏事。心理学家认为，你做到这一步，就已经完成了60%。你能觉察就证明你是个好胚子、好苗子，你不要去否定自己，也不要去假装自己。我给你讲一个十分遗憾的故事。一位同学以为自己专注就可以了，但是因为他第一道题不顺，就担心第二道题也不顺，这种情绪持续高涨，结果乱了阵脚。"

晓晴听得有点激动，好像也经常受到这种情绪风暴的袭击。

我对她说："你不会像他那样，因为你很敏感，具备觉察力，要不然你今天就不会来咨询室了。"

晓晴如释重负，问道："那么，今天来预约的人都有觉察力咯！"

我笑着说："是呀是呀，我相信你具备了接受不完美的勇气。你今天的收获就在这里。"

晓晴谢过我，脚步轻快地离开了咨询室。

咨询手记：觉察的力量——送给力求完美的晓晴

这一场咨询显得很高效，因为她的目标很聚焦，就是压力管理的问题。

我很喜欢给她画的那一幅图。对压力的管理，关键不是减压技术，而是心理的觉察。当一个人觉察到自己的压力源于何方时，其实一段简明扼要的心理分析已经完成。心结就此一览无余，要解开也在一念之间，水到渠成。

说实在话，我比较喜欢晓晴这样的学生，凡事不逃避，扛不住时懂得求助。这没有什么害羞的，只是有些同学很晚才能意识到这一点，结果错过了自救的机会。

案例三 学会与奇迹和平共处 （见图4-6）

经过几次模拟考试，小林感到自己考场发挥不是很稳定，认为这并不是知识储备的问题，而是由一些非智力因素造成的。所以希望通过心理调节，高考时能够正常发挥。

他汗流浃背，匆匆走进咨询室。请他坐下后，我问："小林，你是住校生吗？"

"是呀，我周末也不回家。"

"那你习惯吗？父母常来看你吗？"

"比较少，我习惯了。"

"那你在学校参加什么休闲活动吗？"

"玩玩手机，听听音乐。有时会和同学聊聊天。很少去操场运动。"他有点不好意思地笑了笑。

图4-6 Let's go

（作者：张宇齐）

"你这几次模拟考试成绩不太稳定。"

"是呀,成绩大起大落,考过年级130名,也考过180名,甚至200名、300名都考过。"

"原因是什么?"

"我考完试就发现,都是自己看错题,不是知识储备不够。数学老师说我是脑子短路了。最严重的一次,物理四道单选题我就错了三道。"

我说:"这是关于高考发挥的问题。还有什么状况呢?"

小林说:"还有就是高考报志愿。我爸想让我当老师,我大姐想让我学医,我妈建议我看高考分数再定。我想学计算机,但没有人支持我。"

我说:"我们先聊第一个问题吧。关于考场发挥,其实你的知识库已经分门别类地放好了,大的单元锁定了各个科目,各个科目又锁定了不同的知识点,知识点之间又可以连接起来。这是关于科目的特点。然后是关于知识的条理化。按科目来讲,你认为自己波动较大的科目是哪几科呢?"

"上次考得好的下次会考得不好,上次考得不好的下次会考得好。"他低下头,有点不好意思地说。

"就是没有固定的科目,所有科目都差不多,随机出现?"

小林想了想:"比较弱的科目应该是数学。其他科目学得还可以,但考场发挥就很随机。随机抽出一科来,哪科失常我也不知道。"小林略显迷茫。

我问他:"大考时有没有哪一科发挥失常呢?"

"单元测验时化学比较失常,但是一到大考就是正常发挥。其他科目还好,平时测验大都是八九十分的样子,就是到了大考就失常。"

小林沮丧地盯着茶几。我让他喝点水。

"大考是一个什么样的脑力活动呢?"我开始和他讨论,"大考就像你弹一首协奏曲,几个手指一起配合。我们来看一下各个学科的特点吧!英语是语言学科,不会因为复习所带来的近因效应而改变,所以比较稳定。但是其他几科近因效应比较明显,比如理科综合和数学。看起来功夫在平时,但是每道题目思维的运转,对脑力的要求是比较高的,而且每个知识点看起来都是自成体系的,因此需要你有一个比较好的预热。所以,语文第一天考,你的确可以提前一晚去复习,看那些零星的知识点和需要背诵的地方。数学的预热就要看一些典型题错题集,理科综合和数学一样,而且知识点更加复杂,需要快速地看一遍。"

小林若有所思:"我就觉得有点慌乱。"

我说:"是呀,有时好像自己都不知道自己看过了什么。但你要知道,你看过了,视觉会刺激到你大脑中的那个点,而那个点是你以前复习过的,因此你的心理感受不会是慌乱。"

小林在高一学习"发展指导"课程时就表现出他的自信和善于思考的特质，所以经过谈话，他增强了信心。"老师，我听明白了。但关于我报志愿的事情……"

"这个对你来说当然很重要。我觉得来自亲人的建议，基于他们的价值观，无非有以下几种原因：①希望你将来的生活比较稳定；②将来有一个受社会尊重的好工作；③将来过上好生活。这都是家人的愿望，当然你的专业选择很不错。其实在国外，大一的新生是没有权利选专业的，等到大二大三再去确定。"

小林说："那么我的压力就没有那么大了。"

"对，都不是非此即彼的关系。"

"嗯，谢谢老师。"

咨询手记：学会与奇迹和平共处——未来总紧握在自己手里

在小林看来，每个问题都很重要，每个问题都需要解决。像小林这样的同学，真的很不容易。想要潜心学习的时候，父母又跟他说专业的选择和未来人生；想要规划人生大计时，又被提醒临近高考。

这次咨询，是小林领着我往前走。

小林是一个善于"统领全局"的人。今天我就顺水推舟地先和他聊起学习策略的问题。在知识框架基本建立之后，只有抓细节，规范答题，才能达到稳定发挥。而憧憬未来，就像强心剂，帮助他保持学习的热情，以积极的态度，将未来掌握在自己手里。

小林，加油。

案例四　像花儿一样自由呼吸（见图4-7）

世文是高三（十）班走读生，考上华南师范大学附属中学后，父母就在学校附近租了房子，便于孩子学习。她是一个性格文静、学习勤奋的女孩子。

这是一个闷热的下午，世文来到咨询室。

"老师，我最近学习越来越不专注，做题时老是走神。你帮帮我吧！"

一进门就说个不停，这可不是世文平时的风格。我叫她坐下来，喝点水，慢慢说。

图4-7　遇见·初心
（作者：黄栩呈）

"世文,你还在走读吗?"

"是啊,家在海珠区,还有一个六年级的妹妹,爸爸妈妈就在这附近租了房子,妈妈过来陪我。"

"那你妈妈好辛苦啊!"

"爸爸妈妈是做生意的,时间上自由一点。"

"你每天能够有充足睡眠吗?"

"平均每天六个小时,有时只睡三个小时。"

"那你睡眠不足啊。今天是要来解决这个问题吗?"

世文说:"这个不算什么问题,我觉得挺正常的。但最近有时睡不着。"

我说:"那就是你从小睡眠质量都不大好,不过你从心理上接受了这个特点?"

"嗯。"

"那么算起来,你每天的学习时间有十一二个小时吧?"

"差不多,但是这段时间学习效率很低。"

"那你休闲的时候会有什么活动呢?"

"唱歌。自己哼歌,洗澡时唱歌,以前还会戴着耳机哼歌,现在不戴耳机了。"

"做作业也哼歌?"

"嗯,现在会禁止自己做作业哼歌了。"

看来世文很自律。

我说:"关于专注这个问题,你以前觉得自己有这个优点,上高三之后要求自己做得更好,是吗?"

"对!但是上高三后就做得不太好,比如看书时会走神,做题时会走神。"

"如果睡得好了,你会不会觉得专注力会提升?"

"我觉得应该会。"

真不错,世文学习很努力。

我又问她:"你运动之后会不会觉得专注力也有提升?"

"我不爱运动。"

我说:"运动与你的身体状况和睡眠状况是有关系的。如果缺乏运动,大脑出于自我保护的需要,就会处在一种注意力弥散的状态里。因为专注是比较费脑力的,明白吗?"

"明白。"她有点不好意思地笑笑。

"明白也没有用。"我也笑了,"要多运动啊!"

我开始了另一个话题:"你在注意力不集中的时候,能把题目做完吗?"

世文认真地回答:"三次模拟考试,我第一次在班里十几名,第二次是第四名,总分大概是 628 分。"

"我留意到你是文科班的,背诵的东西和写的东西都挺多。"

世文说:"我有一个很奇怪的问题,可能用脑比较少的时候会更容易走神。比如在回答政治题的时候,需要把背诵的东西写下来,我就容易走神。还有数学,我的思路好,在计算的时候会走神。老师,这是不是挺奇怪的?"

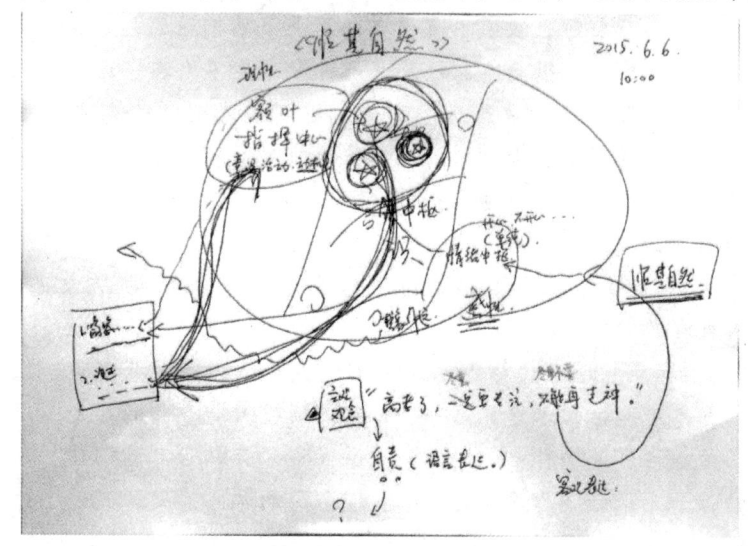

图 4-8 顺其自然

我边画图(见图 4-8)边解释:"这个是你的大脑。在你的大脑里有一个言语中枢,这个地方是言语中枢的指挥室,实际上在额头的部分,主管意识活动,例如动机、态度。旁边有一个情绪中枢,当一道题只需要背一下,大脑的意识活动是比较弱的,这个时候言语中枢开始输入知识。因为它不需要很强的动机,只需要简单的输送就可以了。因为它在这个地方,所以兴奋会扩散到周围相关的地方,使你有一些无关的想法。到讨论题的时候,它突然发现讨论题很重要,需要很多知识,链接就变得非常紧密。这时,大脑的血液就流向该去的地方。因为足够兴奋,其余的东西就不存在了。这就解释了你刚才提的问题。"

世文很专心地听着,点了点头。

我继续说:"如果突然有一天,你的头脑里有一个观念:开始高考吧,我一定要专注。这个观念非常强烈,出现这种情况的时候,你会有一种自我责备的感觉。自责是在人体大脑言语中枢中产生的,这个时候就是乱上添乱。"

世文说:"是啊,我就觉得奇怪,想让自己不走神的时候,那些乱七八糟的想法马上涌上来了。"

我告诉她:"最好的状态是什么呢?首先你要把这个观念改一下,只有观念改了,你才能进入另外一个渠道,这叫顺其自然。这个渠道会从情绪中枢这里过来,情绪中枢是一种非常自然的状态,没有理性的东西,它会帮助你抵达最需要抵达的地方。比如,你看到这道题,想解开它,而解出来的过程充满了成就感,然后再做第二道题。这是一个很单纯的过程。所以,一个情绪好的人,其实活得很简单。就是有一种人可能不太在乎理智的东西,他的状态就是以不变应万变。那么怎么做到这种状态呢?你需要改变这个句式,把一些绝对的词汇剔除出来,把绝对的词变为可能的词。"

世文很聪明,马上反应过来:"高考了,专注吧。"

我们的谈话越来越放松了。

世文问:"老师,顺其自然这种观念真的可以成为一种内化的观念吗?还是一种外在的心理暗示?"

我答:"其实它连内化都不用,客观现实就是这样。所谓的专注只是瞬间发生的,不可能恒久。它不是一个外部必须植入潜意识的观念,而是像太阳东升西落一样,是一种自然规律。就像你刚才开始讲到的唱歌,你是一个听觉型的孩子,很好。对你来讲,哼歌不会影响学习,而是促进了你的学习效率。"

世文高兴了:"对,不会走神。"

"这不叫走神。在一种固定的旋律之下,你的这种大脑的电位传输会更有效。这相当于加了一层保护膜,类似电线外的绝缘体材料。这种绝缘体的材料可能对于听觉型的人会带来一种安全感。"

世文眨了眨眼睛:"哦,是这样的。其实我觉得这两件事情都是有关联的,核心就是顺其自然。"

我说:"太棒了,我觉得你抓住了重点,你可以把这张图命名为《顺其自然》。

"嗯,好,谢谢老师。"

咨询手记:顺其自然——聆听花开的声音

这是一次非常愉快的谈话。

不知道大家有没有类似的烦恼?世文是一个乖巧的好学生,内心非常丰富细腻,总有些挥之不去的杂念萦绕心头。

学习时如何更加专注?我认为这和大脑的兴奋以及神经传导的规律有

关。因为大脑本来就是一个自动运作的系统，所以用"不准分心，快点做题"来指挥大脑并不奏效。这就是顺其自然的魔力。

从严格意义来说，心理咨询是一种行为训练，是一种自然而然的技能。

案例五　一匹慢热的烈马（见图4-9）

小汤来自奥班，成绩优秀。可是，在模拟考试中成绩有点波动，希望得到心理辅导，调整心态，在高考中能正常发挥，甚至超常发挥。每年高考前夕，都会发现一种有趣的现象，不少同学过来咨询，带着各种不同的问题，经过心理辅导之后，轻松愉快地解决了心结，在考试中取得满意的成绩。

图4-9　百合须自赏（作者：张宇齐）

今天很闷热，小汤下课后到操场跑了几圈，气喘吁吁地来到咨询室。

"小汤，请坐下喝点水吧。"我记得他高一时是住校生，很久没有在宿舍见到他了。

"我高一时住校，后来就回家住了。"

"住得近吗？安静吗？"

小汤回答："挺近，房间还算宽敞。我每天基本上除了吃饭、睡觉和课后运动之外，都可以在家学习。"

"父母给孩子创造如此良好的学习环境，真不容易啊！"我感慨地说。

"是呀，我每天一般都可以保证11个小时学习。但是，这段时间我学习成绩不尽如人意。第一次模拟考试考得最好，第二次和第三次模拟考试成绩有所下降。"

"为什么？"

"第一次模拟考试我心里很淡然，第二次模拟考试时比较紧张，第三次模拟考试时觉得自己兴奋度不够。"

我看了一下小汤的成绩，正常水平可以考到660分左右。

小汤补充说："我第一次模拟考试是年级43名，可是第二次模拟考试就降到100多名。我高一、高二成绩在班上只能属中下，而且当时参加竞赛成绩也不太好。回想起第一次模拟考试，现在真想找到那种状态。"

我问:"第一次模拟考试是几月?"

"三月。"

"你能不能详细描述一下当时的状态呢?"

"主要是觉得离高考还远着呢,稍微放松一点,没有太大的担心,对成绩的进步与否也不抱期望,即使有点退步也不怕。可是到了第二次模拟考试就没有这种状态了。"

"你的意思是,当你在第二次模拟考试时已经做了反思?大概的意思是说,也许相对第一次模拟考试来讲,心态有点患得患失。"

小汤点头承认。

"第一次模拟考试的时候,你并没有给自己一个预设,所以按照实力发挥。然后,第二次模拟考试的时候就有了第一次模拟考试的预设,想继续保持这个成绩,甚至可以考得更好,是吗?"

"是呀!我希望到高考时可以超常发挥!"

小汤对自己有一个客观评价,很有上进心。

他接着说:"我一直在奥班,成绩也不错,我特别想有一个不错的成绩。"

我鼓励他:"你一定能够心想事成。"

他说:"不过,我现在心里很不踏实,乱乱的,做题的时候会想到别的题目。"

小汤喝了几口开水,汗从额头上渗了出来。

我说:"其实你很有实力。你内心有一个东西……"

"哦?"

"这是一匹烈马(见图4-10)。你如果能够驾驭得好,足以超常发挥。"

小汤十分专注地听着,拿出小本子认真地记录下来。

"你内心这一匹烈马,就是'我来自奥班,我成绩很好。'可是,因为这一匹马是'烈'马,成绩就会波动。这时,你必须加入两种力量:一种叫淡定,另一种叫兴奋。"小汤目不转睛地望着我。

我问:"你看过骑手在赛马之前会做什么?"

小汤答:"抚摸马,拍拍它的脸……"

"是的,这时骑手会跟这匹马对话,说:'伙计,咱们加油!'你如果今晚睡下之后又想起自己对考试没有把握,甚至心跳加快,睡不着,你就抚摸一下心中的那匹烈马,告诉它不要紧张,我就是奥班的,我一定会考得好。这叫淡定。"

小汤放下笔记本,很有信心地说:"这个我可以做到。但是在做题的时候,难题出现在面前,我又会慌张起来。比如第三次模拟考试的语文考题,

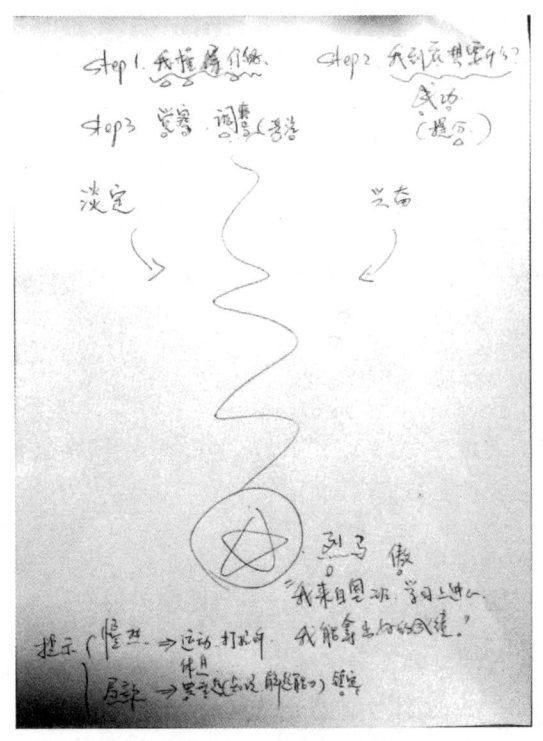

图4-10 一匹慢热的烈马

被中间的题目卡住了，后面的题就没有时间做，慌慌张张地交卷了，如果是高考，那就完了。"

我问："那么，你在什么情况下会超常发挥呢？"

小汤低下头，沉默了。过了一会儿，说："化学竞赛的时候，前面的题目很简单，我却犯一些低级错误，中间部分又急于写一些东西，后面的题就没有做好，结果很失望。"

"我觉得你是一匹慢热的马。做题的时候进入状态比较慢，审题时有些局限性。但是毕竟是一匹烈马，内心有很强的韧性。"

"老师，你说得对，那我怎么办呢？"

"你可以提前一点儿进入状态。比如运动，还可以吃点巧克力。你还可以做一些复习笔记，整理出典型题集，在真正做题的时候，可以让你镇定下来。"

小汤满意地笑了："好，我试试。"

"人的大脑有一个部位叫言语中枢，它的第一个作用是解题。第二个作用是处理内心的信念。当你做题的时候，这个言语中枢自然很忙。可是，你内心突然想到：'这么难的题要怎么做？'这时，神经的通路就出现回话，你越想越紧张，这种兴奋弥漫到你的大脑。注意：这时解题的兴奋点被转移到另外一个地方了。也就是常说的'被卡住了'。你以前有没有试过告诉自己'不准想，这有什么好担心的呢？'"

小汤回答："有，第三次模拟考试的时候。"

我说："有一个方法，叫顺其自然。这时需要自己将注意力集中到做题目这个部分，即'默念'。因为正在考试，你不能发出声音来，在这时，你可以默默地念。"

"嗯。"

"小汤，我觉得你很棒，一定会成功。因为你是一匹慢热的烈马。慢热也有一个代名词，就是淡定，真的在考试中出现意外情况，记得要淡定。一切顺其自然，就会变得更好。"

"谢谢老师。"

咨询手记：送给迷惘焦虑的小汤——一匹慢热的烈马

总听到有些学校的老师在考试前夕，不断地说："高考倒计时多少天"，"此时不搏更待何时"，做到考前的充分热身，将学生的兴奋度调整到最佳点。这种方法并没有错。但我发现，并不是所有的学生都能接受这个方法，尤其像小汤这样性格比较稳健的学生。当他看到别人都很兴奋的时候，会变得不淡定。

每个人的个性都应该被尊重，要有适合于个体学生的心理辅导方法，这就是心理训练的奇妙之处。

案例六 先成为自己的英雄 （见图 4-11）

小盈是本校创新班的学生，她即将出国留学。她拘谨地端坐在沙发上，小声叫了一声："老师好！"

我先开腔："小盈，你好！你现在确定去哪个国家读书了吗？"

"定了，去美国。"

"嗯，挺好的。是几年前就有这个想法吗？"

"我以前就有这个打算。"

图 4-11 勇敢飞翔 （作者：黄若琪）

我看了看她的咨询表上"每天学习"一栏是空的，问道："最近这两周你自主学习的时间很少吗？"

"嗯。我一般就在家里看一些想看的书，没有主动学习。前段时间准备美国大学生先修课程（AP）的时候，每天睡的时间很少，现在正常了。"

我继续问她："最近安排的休闲活动有哪些？"

"上网、看电影之类的。我对电影比较有兴趣。"

"噢，挺好的。那你今天过来，是想解决什么问题呢？"

小盈抬起头说道："就是情绪问题及人际关系，还有点家庭问题。"

我说："嗯，我记得你5月19日发过邮件。"

"对，那时我的情绪比较低迷，但过了一段时间又好了。老师，我怎么总是心情起伏不定，特别是上了高中之后？"

"主要是哪些方面呢？"

"我觉得自己上高中之后压力很大，没有自信。我爸妈对我影响很大，总说我什么都做不好。我就感觉自己很差劲。我的性格也不好，不知道怎么才能改变。大家都不喜欢我，所以有一段时间情绪低落，没有安全感。"

"一直都是这样吗？能讲一些具体问题吗？"

"不是一直这样，有一段时间又变好了，不过上高中后情绪不好的时候比较多。"小盈又补充了一句，"老师，其实我不知道怎么去讲一些具体问题，因为我没有跟别人讲过。"说完，她又低下了头。

"嗯，来到咨询室，你可以尽量放松。"

小盈用期待的眼光看着我。

"你在跟我聊天的时候，我察觉到你有一种内在的动力，有努力的韧性。你是一个很文静的女孩，但我有时会觉得文静不代表内心一直风平浪静。我能感觉到你在说情绪的时候，情绪特别低落。"她点头表示同意我的感觉。

"为什么情绪低落呢？我觉得你在某个阶段，有些事情让你印象深刻，但没有说出来。这是其一。其二，你将要出国读书，意味着要到一个陌生的国度生活，自然想做一点预案，希望把以前的问题好好梳理一下。"

小盈点了点头。

"那么，你觉得可以从哪一件事说起呢？"

"从家庭关系来说吧。"

"你是走读还是住校？"

"初中走读，高中住校。"

"爸爸妈妈工作很忙吧？"

"其实，我妈妈是在家的，爸爸出去上班。我觉得妈妈的观点跟我不一样，她比较势利，总说我太天真，她根本不在乎别人的情感关系。"

我说："你可以和爸爸谈呀。"

"爸爸在我小时候就比较凶，打我比较多，平时更少沟通。不过升到高中以后，他会给我发短信，叫我不要妄自菲薄，不要争强好胜。"

"那你觉得你是怎样的一个人呢？"

小盈有点不好意思地说："可能我比较内向，不过跟最好的朋友会说很多，有时候会做一些大胆的事情。但是在人际关系方面比较敏感多疑，和同学交往比较在乎一些细节，关系不是太好。"

"那你开心吗？"我关切地问她。

"平时很少想，到了晚上想到这些会一个人哭起来。忙的时候会好一点。"

"哦，就是说，你如果有一些事情做的话，情绪会好起来。"我继续说道，"那么，你小时候某一次特别让你情绪低落的情景还记得吗？"

小盈说："我小时候很依赖妈妈，妈妈每天中午都会给我打电话。有一次，奶奶说到每个人都会死这个话题，我一想到妈妈会比我先死，我就躲在厕所里哭了起来。小时候，我还很依赖妈妈，但后来就越来越少了。"

我看着小盈激动的样子，接着说："其实，你和父母生活在一起，无论你觉得怎么样，满意不满意，感情紧密维系在一起的感觉一直都有。那一次，你躲在厕所里哭，就很真实地表现了你对父母的爱和不舍，对吧？"

"嗯！"

"这就是心灵深处的一种东西。"我画了一张图。（见图4-12）

"你看，这是一个家，有爸爸、妈妈、你。通常这个地方有一样东西，把家庭关系维系得很好，大家在一起相互付出。你是家中唯一的孩子，你所有的自信都来源于这个东西。为什么讲到'妈妈会死'你就会伤心呢？因为你觉得我们三个是一体的，怎么能分开呢？"

小盈忙点头。

"这个东西是什么呢？是依赖，是在一个亲情浓郁的家庭之中一种互相的疼爱。这个东西需要沟通才能显出它的光芒。比如，你小时候做错了，妈妈还没有说什么，你已经觉得世界末日到来了，把自己封闭起来。随着你慢慢长大，你仍渴望来自家庭的阳光雨露，包括让父母照顾你的学习和生活，但你感觉不到。"

小盈的眼睛有点湿润了。

我再继续画图："这个局面转变的关键是你要相信这个东西的存在。如果你否定了这个东西，我们今天的心理咨询就会变成无本之木。如果你今天

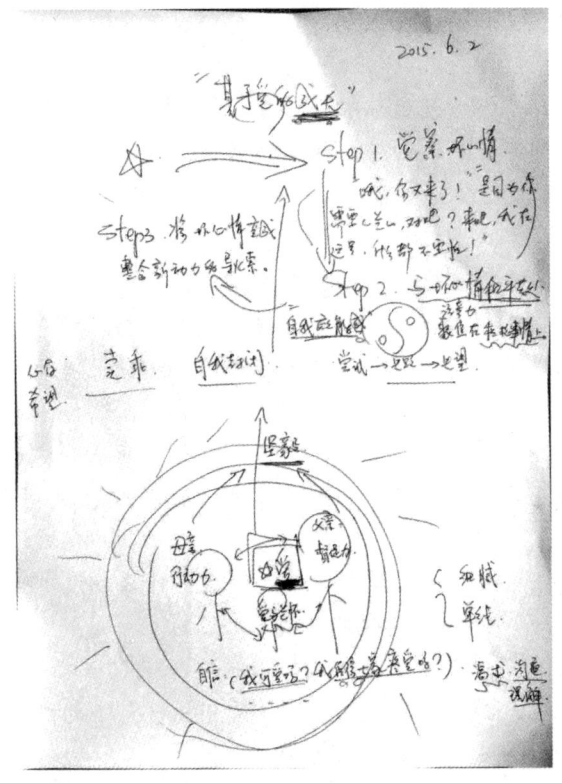

图 4-12 成为自己的英雄

回家之后用一种新的眼光观察自己的父母,看看他们除了与你的冲突之外还在做什么。那么,这就是这次心理咨询之后,基于爱的一种成长。"

小盈终于明白了。

"当你出现了一种坏心情,需要人关心的时候,就对自己说:'来吧,我在这里,什么都不怕。'这个角色,正常来说,需要妈妈来扮演。"

小盈接着说:"我很希望她过来,晚上我会这样,哭一哭,睡一觉就会好的。"

我说:"哭是心理学上的一种强化,就像人们喜欢吃糖,过一段时间又想吃。而宣泄是一种信念上的好东西,超过言语存在。所以,你需要成长为成熟的人格,互相制衡,互相接纳,这是第一步。第二步是把你的视线聚焦到积极的事情上,要学会与坏心情和平共处。"

小盈又有了新问题:"其实,我有很多事情想做,但觉得自己做不好。"

我问她:"实际上这个方法你尝试过,但你内心觉得自己做不到,就半途而废,还是压根就没有开始过?"

"有开始过,比如看书,但觉得看不完,速度太慢,心里不舒服,然后就不看了。"

她又补充了一句:"最近都不用看书,我都在看电影。"

我说:"我想跟你确认一下,你未来的生活规划是什么样的。是希望每天都不一样,比较随意,还是每天给自己安排两三件事,给自己一个时间表。"

小盈回答:"看情况吧,我不想太规律化,每天做一些很机械的事。但如果放松的话,可能只需要一段时间,不会一直这样。"

我说:"我忽然有一种感觉,觉得有时候,你身上有你妈妈的特点,目标性很强。在某一个阶段,会执行得很好。但是你有你妈妈身上没有的特点,当你什么都不需要做的时候,会处于一种任性的状态。"

"是的,我也想改变一下,比如看书、打网球、做早操。不能浪费时间。"

我说:"这就对了。如果你在休闲的时候,什么都没有做,就很容易自责,然后就衍生出一个观点:我做什么都不成功。"

她点头。

"其实,你刚才说自己不够自信,自信是一个太泛的概念,我看到的情况就是你待在休闲的时间会有一种无力感。"

小盈点头表示同感。接着是沉默。

我继续画图:"小盈,你一直都是往前冲的。我们可以归纳为三步。第一步是听从你的声音,形成一个新的自我;第二步是重新规划一下自己,让自己劳逸结合;第三步是把坏心情变成整合行动的导火索。这是一个良性循环。

父母独特的角色是你成长的重要因素。母亲代表行动的部分,父亲代表监督的部分。你要理解父母的良苦用心。你18岁了,马上要出国读书。你有能力去创建自己的将来。同样,父母年龄越来越大,他们对爱与关怀的需要也越来越强烈。你要感谢父母给了你文静的外表和坚毅的内心。在人际交往上,也是这样的道理。

小盈,你是一个值得大家疼爱的孩子,只不过从父母那边得不到积极的强化,所以感觉实在太单薄。

小盈,你应该首先成为自己的英雄。"

小盈睁大眼睛,认真地听着。

"你可以放下担忧,直接听从心里的感觉,直接与人交往。真实本身就是与人交往最好的办法。"

小盈激动地说："嗯，我会的，谢谢老师！"

咨询手记：送给渴求关爱的小盈——痛并快乐着，做自己的英雄

每个孩子都渴望得到父母的肯定。小盈的痛苦就是无论她怎么努力，也感受不到来自父母的关爱。因此，她的心理大厦几近崩溃，痛苦和混乱缠绕着她。

我在日常工作中，主要面对的是高中学生。这个年龄段的学生既留有青春期的依赖性，又渴望独立。所以，当我发现问题的本质除学生自身，还可能来自家长等其他人时，我不会试图越过学生本身，转而找其身边的人解决问题。此时，我会意识到：这恰恰是学生本人发生蜕变的机会。

从新的角度审视亲子关系，体会父母的好处和难处，这个过程本身就能够促进小盈的成长。"戴着枷锁跳舞"，这是我最喜欢的心理老师在咨询课时说过的一句话。问题本身并不可怕，可怕的是没有被好好利用的问题。所以，在这场咨询中，当小盈体会到痛并快乐着、做自己的英雄时，她就成长了。

后 记

　　每年高考季，高三学子寒窗十余载，只等着那一日的绽放。坚持、等待、踌躇、躁动，各种期盼环绕四周，令青春洋溢的十七八岁成为一生难忘的记忆。有人说，黑色高三，不堪回首，那是我一辈子的痛；也有人说，高三残酷，我已早早出国读书，与高考擦肩而过；还有人说，高三无悔，痛过，才知道快乐的滋味……

　　每年高考季，多少学子来访咨询，渴望取得最后一战的胜利，恳求我给予帮助。20年前，我有幸踏上心理咨询师的道路，面谈咨询累计3 000余小时，这是多么大的福分！陪伴高三学子日日夜夜，体悟他们的不同人生路，这就是我终生难忘的心灵成长路。

　　我确信，高三，是一个人心灵最旺盛的时候，是生命怒放的前夜。

　　我确信，人生来就是有智慧的。感谢高考，让高三学子们历练其中，挣扎求存，感悟人生，重拾智慧。

　　我确信，身为咨询师，我只是那恰巧经过的路人，给即将绽放的生命之花灌以甘露，助其茁壮，静待花开。

　　因此，我很幸福，很感恩。一路有你们，真好！